做快乐的中等生

ZUO KUAILEDE ZHONGDENGSHENG

梅寒⊙著

山西出版传媒集团 山西教育出版社

图书在版编目（CIP）数据

做快乐的中等生 / 梅寒著. —太原：山西教育出版社，2013.2
ISBN 978－7－5440－5802－5

Ⅰ. ①做…　Ⅱ. ①梅…　Ⅲ. ①家庭教育　Ⅳ. ①G78

中国版本图书馆 CIP 数据核字（2012）第 310723 号

做快乐的中等生

ZUO KUAILE DE ZHONGDENGSHENG

责任编辑　潘　峰
复　　审　郭志强
终　　审　张沛泓
装帧设计　陈　晓
印装监制　贾永胜

出版发行　山西出版传媒集团·山西教育出版社
（太原市水西门街馒头巷 7 号　电话：0351－4035711　邮编：030002）
印　　装　山西人民印刷有限责任公司
开　　本　787×960　1/16
印　　张　15.5
字　　数　228 千字
版　　次　2013 年 2 月第 1 版　2013 年 2 月山西第 1 次印刷
印　　数　1—10000 册
书　　号　ISBN　978－7－5440－5802－5
定　　价　29.80 元

写在前面的话：

现实中大多数的孩子都是“中等生”，他们将来可能成为一个优秀的画家或者音乐家，但是由于社会只认同分数，孩子的兴趣早早被抹杀。这是教育的误区，往往在我们更注重孩子学习成绩的情况下，却忽视了孩子其他方面的培养，最终发现，我们花了很大力气去培养，孩子却总也达不到我们的期望值。

我的孩子考不了第一怎么办？他长大后找不到好工作怎么办？……读完本书之后，相信家长们都能学会用轻松的心态来面对孩子是中等生的现状。考试的成绩并不能代表孩子的真实能力，按照分数来判断孩子的好坏，早已不是科学的教育理念。如何启发孩子的潜能，让孩子在今后的生活中找到自己喜爱的工作，快乐地生活，是当今家长最应做的事情。

本书给那些为孩子学习而犯愁的家长们一个全新的教育方法：成长比成功更重要，中等生不等于不优秀，我们不能只拿成绩来判定一个孩子。我们就是要培育出优秀的中等生，让孩子健康、快乐、自由、自信地成长。

目录

第二章 要天使，不要天才——不要失去对中等生的关注

他说话很晚，妈妈曾经以为他智力有障碍，殊不知在他沉默的小脑瓜里活跃着太多大人无法知道的思想；他试卷上成绩总不尽如人意，但他却有着平常孩子所没有的孝心与爱心；他智力平平，却回回能在试卷上看到大红满分的成绩，……人人渴望赞美与欣赏，而他们，这些成绩中等的孩子，尤其需要家长的、老师的，甚至是普通陌生人的赞美。这些孩子不是天才，但若是用心发现，用心欣赏，每一个孩子都是上天赐给我们的天使。

第三章 成绩中等并不表示不优秀——写给中等生的成长箴言

他们的成绩，在班上，不好不坏，甚至从来没进过前十名。可他们在班上一样有着一份好人缘。怀抱吉他的阿福，绿茵场上奔跑的阿异，笑死人不偿命的蒿逗，给大家做知心姐姐的玉玉……因为他们对

生活的热爱，对那个集体的热爱，他们是一群帅呆美极的中等生。看一看，里面可曾有一个你？

第四章 你在为谁学习——中等生如何提升自己

是中等生，也面对这个现实，渴望进步却是每个孩子心中一颗最美的种子。那么，就请悉心呵护它，为它浇水、施肥，让它陪你慢慢长大。没有谁的一生会被注定，今天的优等生，明天的落伍者，今天的中等生，明日的佼佼者，这都有可能，关键在你自己如何选择如何做。

第五章 成功无捷径——面对属于自己的成长答卷

无论考场上的成绩如何，都要认真面对属于自己的人生答卷，这是每个人都马虎不得的，因为这是做人的根基。读好书，结良友，做好人，管理好自己的时间银行，这是每个人都要认真填写的答卷。

第六章 人生不会被注定——拥抱人生，做快乐的中等生

他曾是班上最笨的孩子，她曾经在高考考场上连考三年，她曾经为了50分的数学成绩而偷偷哭湿了枕头……那些黯淡无光的青春岁月，孩子，你是否正在经历。没关系，慢慢来，埋头耕耘，抬头

看路，时间终会给你一个最满意的答复：人的一生不会被试卷上的成绩注定，那些曾经的中等生一样会拥有美好的人生。

自序

孩子升入初三，我去孩子的学校听讲座，这是一堂专门为家长而办的讲座，讲座题目是《让孩子的梦想从家庭起飞》。讲座一开始，台上的老师就给台下的家长们抛出三个问题，家长只需根据自家情况，如实回答“是”或者“不是”。是，就把手举得高高的；不是，就不用举手。这是不难做到的事情。

第一个问题：你爱你的孩子吗？

台下所有家长的手都高高举起来。

第二个问题：你的孩子爱你吗？

有些家长仍然毫不犹豫地把手举起来；有一些，想举，举到半道，又缩回去了。很明显，这时举手的家长已经比第一个问题抛出时少得多了。

第三个问题：你知道你的孩子现在最想让你做的事情是什么？

这个问题难倒了一大片家长，我也被难住了。这一次，我没能把手举起来。

父母对孩子的爱，想都不必想。天下哪有不爱自己孩子的父母？孩子爱父母吗？孩子知道。其实，父母也知道。也算不得一个难题。你知道孩子现在最想让你做的事情是什么吗？父母们不知道，而台上的老师知道。她在那个讲座开始之前作过一份调查，这也是那天讲座的第二项内容：听听孩子的心声。为保护孩子的隐私，老师把孩子的名字省略了，但我想，坐在台下的家长一定会知道哪一条是他们孩子的心声：

“马上就要考试了，我希望爸爸妈妈不要再给我施加压力，难道考不上重点高中就真的没有路了吗?”这是一位男生的心声，一位成绩中等的男生。

“我希望每天中午回家吃饭时，爸爸妈妈能静静地听我说说话，让我缓解一下心理的压力，而不是每次一吃饭就问我成绩。每天在学校里就要面对写不完的作业，回家还要应付他们的拷问，我真的很烦。”这是一位成绩中等的女生写的。

“我知道我的成绩不是很好，离爸爸妈妈的要求还差很远，我希望他们能多给我一些鼓励、一些支持，而不是讨厌我的眼神，那种眼神让我觉得好冷。”

“我希望每天晚自习回家时，桌子上会有热乎乎的饭菜在等我……”

孩子们的心声，通过讲台前面的投影仪，一条条地在屏幕上显示出来。台下突然静下来，既而有轻轻的啜泣声传来。一定是某个孩子的心声触动了妈妈柔软的心弦。

那天，坐在台下的我，眼眶也莫名地湿了。我不知道，那里面是否有我的孩子的心声。但通过那天的讲座，我明白了一点：为人父母，我们都很爱自己的孩子。可有很多时候，我们给孩子的，却不是孩子最需要的；孩子最想要的，我们有时候又给不了。

那天的讲座上，老师列举了很多的案例：为学习上不去焦虑万分的，为前途而觉得迷茫绝望的，有求知欲进取心却又缺少必要的恒心和自制力的……那些孩子，成绩多处于班级的中游，是一个最渴望得到老师和家长的关注与帮助的群体。

如何让我们的孩子在成长的道路上健康、快乐、自由、自信地成长，如何让父母与孩子之间架起一座走向彼此内心的桥梁，便成了我写这本书的初衷。当然，我也曾经犹豫，孩子面临中考，学习正紧张，我不想在这个节骨眼儿上有任何的分心，进而影响到她。很感谢她，她给我吃了一颗定心丸，她说：“妈妈，你放心做自己的事情就是，我的事你不用操心。其实，我不也做了很长时间的中等生么。中等生也没什么的，一样可以健康快乐地成长，你应该让更多像我一样的小孩知道这个道理。”

一句话提醒了我，是的，她曾经是个中等生——一个成绩中等的学生。可今天的她很健康很快乐地前行着。

在这本书的开篇序言里，我一定要把“中等生”这三个字认真地解释给我的读者朋友们——苦心的父母们或者苦恼的孩子们，除了成绩之外，它再也代表不了什么。它影响不了孩子的成长，影响不了孩子拥有梦想，影响不了孩子做一个快快乐乐的人，甚至也不会影响到孩子在未来做一个事业成功的人。只要我们愿意迈开脚步，路，就在面前，就在脚下。

教孩子正确客观地面对真实的自己，然后针对孩子成长路上的具体问题，寻找最佳的教育途径，是我，是那些同我一样爱孩子的父母们一直在探索的。在这本书里，有我自己在这些年的成长过程中慢慢发现总结的教子经验；也有其他的家长、老师的教育经验，当然，其中也会有失误与教训；也有身边那些让我们欣慰的孩子，他们的成绩不突出，却一样让大家喜欢；还有那些昨天的“中等生”，通过多年的努力，今天已拥有一份属于自己的幸福生活。我愿意，把这些经验、教训，失败的苦涩，成功的喜悦，拿出来，同所有的父母，同所有为自己“中等生”的头衔而苦恼的孩子们一起分享。我愿意这个世界和谐美丽，我们的身边，是一张张快乐的笑脸。

其实，今天这个坐在这里写文章讲故事给你们听的妈妈，也曾是一位不折不扣的中等生。这是后话，容我慢慢说与你们听。

天下父母，望子成龙，望女成凤，可世上龙凤又有多少，最多的还是那些资质平平、默默无闻的孩子。因为成绩不出色，他们常被冠以“中等生”的头衔；因为成绩不出色，他们又是最不易引人注目的孩子。可是，对一个家庭来说，再普通的孩子也是百分之百的中心。所以，我愿普天下的父母，在面对我们亲爱的孩子时，都能耐心坐下来，教他如何面对现实，然后告诉他：孩子，你慢慢来。

第一章 孩子，你慢慢来——家长如何面对中等生

1 孩子，让我们勇敢面对真实的自己

当他（她）还在妈妈温暖的子宫里，不知道性别，不晓得发育情况，做父母的已经开始把所有美好的希望与愿望都寄托到这个小人儿身上了：希望他将来有运动员一样健硕的体格，有电影明星一样俊美的容颜，有科学家一样智慧的大脑……为了让他（她）能在未来拥有这些美好的东西，年轻父母们的教育越来越超前，超前到还没生下那个小人儿的时候，就已经开始认真细致地安排。各式各样的胎教课程辅导就堂而皇之地排满了年轻爸妈的生活日程。等到孩子生下来，幼儿园、学前班、小学、中学……把孩子送上了人生的赛场，风里雨里，一路紧张地盯着，与子同喜，与子同愁，再没个放心时候。

望子成龙，望女成凤，几乎是天下父母的共同心愿。因为自己曾经黯淡无光的青春岁月，我甚至比别的父母更加渴望自己的孩子优秀出色。自己没有实现的梦想，我希望我的孩子能帮我实现。

好孩子是爱出来的，要用你的爱心与耐心陪伴孩子长大——有经验的过来人如此说。我便以百倍千倍的爱与耐心来陪着我的孩子。

好孩子需要有一个懂得“十万个为什么”的好家长，工作再忙再累，回头也要静静地读几页书。为的是她跑来问我“为什么”时我能给她一个让她满意的答复。

好孩子是夸出来的，多向孩子竖起你的大拇指，有助于培养孩子的自信心。很多育儿专家都这么说。初为人母，面对那个稚嫩的小人儿，我几乎是一路绿灯地对她说：淼淼，你是最棒的！

她拼对了一块拼图，她背下了一首古诗，她洗干净了一双小袜子，甚至，只是因为带她外出时，她有礼貌地跟老爷爷老奶奶打了招呼，我都会不失时机地表扬她。那样做的效果的确不错，孩子很乖巧也很自信，走到哪里都像一位小公主一样高高地昂着头。她始终相信自己是这个世界上最可爱、最棒的小孩儿。

那种自信却在她进入幼儿园的第一天就受到大大的打击。幼儿园里，一个班二十多个孩子，几乎个个都是妈妈眼里“最棒”的孩子，晓晓会背诗，甜甜会画画，蒙蒙会跳舞，他们表演完了，都得到了老师的一番表扬。只有角落里那个被我夸着成长的小人儿，在低着头伤心生气。她也背诗了，可她背得没有晓晓背得好，老师没有特别表扬她，只说让她回去再努力。

接她回家的路上，她还在伤心：“妈妈，你说我是不是最棒的？为什么老师表扬晓晓却不表扬我？”

此后，好多天，她不再似先前快乐。班上那么多优秀的好孩子，资质平平的她实在突显不出。老师的表扬每天能轮到她一两次已经不错。这个在一片赞美与表扬声中成长的小人儿，显然是不习惯了。

这时，我才知道自己的教育出了些问题。其实，她并没有如我们赞扬声中那么棒。我们不得不承认一个现实，尽管我们非常努力地在教她，鼓励她，希望她做我们心目中那个最棒的小孩儿，可她不是。

她背一首诗，有时磕磕绊绊，有时漫不经心，她的智力并没有如妈妈讲的那样超常；她画一张画，有时不小心把好端端的画面涂坏了，她的动作也没有妈妈所表扬的那样利索。她所做的一件小事，有时对她来说毫无难度只不过是自然而然的事。那些时候，为了鼓励她、鞭策她，我们照样毫不吝啬地把声声赞美送给她。而那一声声的赞美与表扬，除了培养起她的自信心外，还让她的虚荣心在一天天膨胀。她只喜欢听到表扬，却受不得半点冷落与挫折。而后者，对她的成长同样不可或缺。

教育中，鼓励和赞许是很重要的。著名心理学家司基诺就曾通过两组动物实验得出明显的证据。那组获得鼓励和奖赏的动物，在学习新事物方面速度较快，兴趣持续时间长久；反之，受到斥责和惩罚的那组，突出地表现出厌倦、冷漠和反应迟钝的特点。这也同样适用于人类。在鼓励与赞许中长大的孩子常常显得更加自信，更容易成功。但凡事有度，虚假或者过分的赞美与奖赏又有着很大的危害性。因为这很容易助长孩子的虚荣心，也很容易让孩子失去正确的自我判断力。

实事求是地对孩子伸出自己的大拇指，是我发现自己的教育偏差之后果断采取的措施。她画了一张新画，拿来给我看，那张画画成那样对她来说确实不易，我会真诚地夸她："嗯，画得真不错，颜色上得这么均匀。"她唱了一首新学的歌，却唱跑调了，我笑笑说："有点跑调了哦，不过态度还是很认真。"再不然，我把那个判断权交给她自己："宝贝，你觉得自己做得棒吗？"

她也在尝试着来审视别人的赞美，享受自己付出努力的每一个过程，也努力调整自己的视角，尽量正确客观地审视自己。

她在这样的过程里一天天长大。幼儿园，她只能是个乖孩子，因为她唱歌不好，跳舞不好，上课回答问题也总是把手举得最低的一个；小学时候，她只能是个不调皮的好学生，成绩不靠前，不靠后，老师想批评她没什么理由，想表扬她也同样没有充分的理由；读初中一年级，她依旧不紧不慢，成绩不好也不太坏；初中二年级，她体内的某些热情似乎被激活了，她找到了适合自己的学习方法，像一匹黑马一下子蹿出来，成绩从中上蹿到年级前几名；现在的她，忙碌地应付即将来临的中考，她将自己视作对手，因为她那些曾经的对手都被她远远甩在身后。她希望今天的自己会比昨天的自己有收获。

别怕孩子的成绩差、进步慢，丢了谁的脸面，也不要为了让孩子拥有一份自信而送他们虚假的赞美、不切实际的鼓励。用心发现，每一个孩子身上都有他们的闪光点，从他们的长处入手，给他们让他们信服的鼓励，也教他们正视自己的缺点、短处，帮他们慢慢修正。孩子的成长应该放在首要一步。

2 教室里的乖小孩

幼儿园在离家属区五里之外的师部，每天早晨，乐乐坐校车到幼儿园吃早点，然后一天就在幼儿园里过。下午，校车再将她载到家属区院子里。回家，很安静地吃晚饭，向妈妈汇报一天在幼儿园里的生活：今天老师又表扬我了，因为我上课认真听讲，睡觉时一句话也不讲，吃饭时吃得干净，我又得了五朵小红花。

“哦，你真能干，继续努力。”每次，听到她如此的汇报，妈妈心里都有种乐开花的感觉。五朵小红花，一整天表现都好的孩子才能得到的奖赏。

周五下午，家长们可以亲自去接，也正好跟幼儿园里的老师们碰一下面，交流一下。

“乐乐很乖，很听话。”幼儿园每周五都会综合评一次好孩子，每次评十位，十位被评上好孩子的孩子可以得一朵大红花。乐乐周周都能得到那样的大红花。

做乖孩子的家长，心里应该高兴、放心才对，可面对这个乖小孩，妈妈的心里却觉得越来越沉。妈妈曾在不经意的时候，悄悄见证过这个乖小孩在幼儿园里的生活：课堂上，别的孩子叽叽喳喳用各种各样的问题为难老师，甚至从座位上走下来到处跑跑转转时，那个乖小孩腰板挺直，两只小手端端正正地背在后面，眼睛紧盯着老师的脸，听得一丝不苟；吃饭时，别的孩子你逗我一下，我抓你一把，把饭粒弄得满桌子都是，这个乖小孩埋着头，用力地吃，连话也不讲一句；课间游戏时，别的孩子都到外面的草地上疯跑游戏，她乖乖地站在一边，含笑看着别人玩……

就是这样一个乖小孩，在幼儿园老师的眼里就是好孩子，因为她从来不会给他们惹麻烦，让他们操心。尽管她的歌喉不佳，她的舞姿不美，她做的手工平平，她仍然被老师们夸作好孩子。只是，在各种各样热热闹闹的文艺表演中，在舞台上很少找到她，她从来都是默默地坐在台下的观众席上。她不愿意到台上去吗？当然不是。她只是慢慢习惯了老师们的表扬，“好孩子”的称号将她所有幼小而美好的愿望都强行按下去了。

“老师说了，好孩子就要听话。”她常常用这一句话来安慰自己，安慰失落的妈妈。

“如果你觉得做乖孩子很累，你可以偶尔不乖的。”去接她回家的路上，妈妈试着小心翼翼地启发她，“比如，上课一直背着手多累啊，只要不打搅别的小朋友听课就好了啊，你可以让你的手休息一下。下课了也去跟小朋友们玩啊，本来就是游戏的时间，对吧？”

“可是，那样的话，我可能就不是好孩子，拿不到红花了。我又不会唱歌又不会跳舞，只能乖乖听话才能得到小红花。”她显得有些担忧。那种与她的年龄极不相符的沉重忽然让妈妈心疼得要命。

唱歌跑调，跳舞跟不上节奏，回答问题时总是慢别的小孩儿半拍，就是这样一个孩子，她要用什么来吸引老师的注意力？乖。安安静静地坐在自己的座位上，不给老师带来任何不必要的麻烦，老师们关注的目光才可能会投到她的身上。这样的孩子，在这样的心态下慢慢长大，会是什么样子？很乖，很努力，很没有自信，由此可能让她很没有主见，再往下设想，你能想到她的未来，可能也就是这个样子，做一个很平庸、无所建树的人。那不是妈妈渴望的样子。

乐乐妈妈开始慢慢教她做一个“不乖”的小孩儿——让她相信自己也有别的小孩所没有的优点，让她勇敢表达自己心底最真实的想法。这不是一朝一夕能够完成的事情，而是一个漫长的过程。教孩子自信，就要真正发现她身上那些值得她自信的闪光点。也许因为从小跟着妈妈读诗背词听故事多的缘故，乐乐的语言表达能力特别好，小小年纪常有惊人之语从她稚嫩的小嘴里吐出来，那些话稍纵即逝，妈妈不敢有迟疑，总是快速及时地将它们记下来。

乐乐读完幼儿园要去读小学时，妈妈已记录了厚厚的两大本。记录习惯了，乐乐的表达欲望越来越强烈，有时候自己觉得说得很精彩，会回转身对妈妈说："妈妈，你去给我写到日记上。"

那是一粒火种，自信的火种，乐乐慢慢发现自己原来也有别的小孩所没有的优点和长处，再跟他们相处的时候，她的底气就足了很多。她给他们讲故事，回头再缠着妈妈给她讲。她跟他们一起到教室外面去玩，再不会因为自己唱歌不好、跳舞不好而自卑。

乐乐做的让自己很骄傲也让妈妈很骄傲的一件事是在小学四年级的时候，尽管那件事在当时曾把妈妈气得要死，甚至不问青红皂白就把她批评哭了，可后来，妈妈想起来，觉得她做得非常棒。

事情的起因来自乐乐老师的一次"告状"，一次家长会后，乐乐的英语老师在教室门口叫住了妈妈："我在会上讲的那个不听老师话，不愿意帮助别的同学的孩子就是你们家乐乐，希望你们家长回去教育她一下，虽然成绩也不错，但为人太自私对孩子不是什么好事。"妈妈的脸当时"腾"一下就红了，忙不迭地答应着就往外走。那天，在回家的路上，妈妈就把坐在车后座上的乐乐数落得掉下眼泪来，但那天乐乐不知哪里来的勇气，一边哭一边给妈妈解释："我发现你们大人都是一样的，你听我解释了吗就批评我？"

"好，你给我一个解释。"

"老师让同学下课后到我那里背课文，那本来就是老师的工作，凭什么让我们学生来做？课间十分钟，就是我们出去放松休息的时间，老师为什么说占用就占用？所以，我没同意，老师就说我自私不愿意帮助同学。"

事情就是这么个事情，妈妈相信她说的都是真的。

"对不起，乐乐，我向你道歉，因为我不问原因就批评你。你讲得有道理，课间十分钟本就是给你们休息的，哪能随便占用。只是以后跟老师讲话要注意方式，毕竟她是老师啊，你得尊重自己的老师。"

妈妈庆幸自己没有偏听一方，一味地把所有的过错都压到孩子的头上。让孩子有自己的主见，你就得习惯于认真倾听，听孩子跟你完整地表达自己的内心。而孩子那些似乎不合常规的举动，我们也应该有自己的判断。错了的，不留情面帮她改正；正确的，哪怕迎风顶雨，也要教她坚持。

我们的身边，有多少所谓的“中等生”都曾如这个女孩乐乐一样，在学校里，成绩不突出，行为也不那么乖张，他们很乖，坐在教室的某一个角落里，上课乖乖听讲，下课规规矩矩地完成老师的作业。老师的批评名单上没有他们，表扬名单上也很少听到他们的名字。他们每天默默来默默去，也在长年累月的日子里慢慢接受了自己的这种生活状态。

在这里，我想要说的是，每个孩子都曾是一粒待打磨的玉石，他们有很多的侧面，这一面黯淡无光，另一面可能会璀璨生辉。我们要做的，就是剥落这块玉石表层的灰尘，将它带到阳光下，细心发现，耐心打磨，天长日久，你会惊喜地发现，昔日那个平平常常的“乖”小孩，不知什么时候就长成了一个让你欣慰又放心的阳光天使。

3 孩子，你努力了吗

“气死我了，数学竟然才考七十五分。”某次家长会后，在教室门口碰到一位学生家长，她正拿着孩子的试卷气咻咻地朝外走，“看来回头要给他上上发条了，不让他多做点题是不行了。”所谓的上发条，我也了解一点儿。去几里外的图书批发市场，那里有成百上千的各式复习资料试卷，买回来给孩子填吧。

“淼淼，我要惨了……”说这话的是淼淼的同桌，一位成绩和淼淼差不多的小女生。人很聪明，但平时学起来不那么认真，成绩时好时坏。她有个脾气比较坏的老爸，每次看到孩子试卷上的分数低了，就忍不住朝孩子扬巴掌。所以，在那个孩子看来，试卷上的分数就是她的命根。

与那些孩子相比，淼淼算是幸运儿，从小学一年级开始，她因为试卷上的分数而挨批挨打的事儿几乎不存在。绝不是她聪明能干，次次考得好，像她班上某些孩子那样，从会考试以来就是双百分，再以后就是三百分。双百分、三百分这样的好事情，在她整个小学阶段几乎就没有降临到她头上一次。她的语文成绩好于数学，每次都能考到九十分以上，这样的成绩已经让我们很满意，所以，每次拿到语文试卷，她都要受一次表扬。数学就明显不行，八十几分是家常便饭。全班六十个孩子，有二十几个考满分的时候，她也只能考到八十多。最初看到这样的成绩，我也有点儿受打击。要按综合成绩来排名次，我的天，她连中上也算不上了。现在学校里不允许老师给孩子们排名次了，但老师心里却是清清楚楚的。家长们私底下把各科的总成绩一加，也清楚。我们也曾试着排了几次，想以此作为一种激励。可她一看到我们排出的名次，眼泪就吧嗒吧嗒掉下来了。她也是个很要强的孩子，希望自己做得很好。我们看她那表现，就再也不排什么名次给她看了。

不排名次可以，但问题不能不解决。拿过她的试卷，仔仔细细看了一遍，找到问题的根源了，试卷上错的差不多全是计算错误，有时候六道计算题，她能写错四道。把那四道题重新抄下来让她做给我们看，一会儿就做好了，且答案完全正确。

“怎么会这样啊？这不是做得很好吗？”

“我也不知道，脑子里想着一个答案，手里写下来就是另一个了。你看这一道，我在演算纸上算对了，忘了把答案写到试卷上。”她指着那些做错的地方给我们一一解释。全是粗心惹的祸。

知道她粗心，每次考试前，尤其是她考数学之前，我叮嘱她最多的一句话就是：“别粗心，做完了好好检查。”每一次，她都信心满怀地答应着去学校。从考场上走下来，同样满脸喜气：“妈妈，我觉得我这次一定能考一百分了，我都检查了好多遍哦。”

试卷发下来了，八十几分，真是让人大跌眼镜。

我有些急了，担心她会走我的老路——我从小理科成绩不行。

孩子的爸爸倒一脸安然：“没什么大问题，孩子的思路很清晰，解决问题的步骤方法也都是对的，现在的粗心是因为年龄的问题，手眼脑不能很好配合。大一些就好了。”

我们就在那种期望中耐心等她一天天长大。每次考试之后，我们关注的不是试卷上她的分数，而是试卷上她暴露出来的问题。她的成绩时好时坏，好时她高兴，坏时她伤心，我们倒一直平静：“你努力了吗？”问这一句的目的就是，如果她自己觉得很努力了，那么考得再不好我们也不会怪她，但我们会帮她分析失误的症结与原因。如果她没有努力，那么考成那样子也该是意料之中的事，下一段再努力就是。

她读到初中，因计算而出的错误基本不见了。理科成绩已经很棒，物理学得尤其好，差不多每次都在九十八分以上。这个时候，我们对她的要求倒是慢慢高了。记得有次阶段小考，她物理考了九十九分，是全班最高分，她自己还算满意。把试卷交给爸爸看，爸爸看到她错的那个小填空题，就问她："当时填这个答案的时候你是怎么考虑的?"

"没怎么考虑，凭着我的基本生活常识呗。没想到竟然做错了。老师出的题目怪死了！"

"科学上的东西来不得半点儿想当然，你们老师给你们出每一道题目都有它的理论依据。你可不能凭想当然来写，想想这里面要用到你们书本上哪些原理。"爸爸不依不饶，她嘟着嘴回自己房间拿出物理书翻看，最终把那个小问题彻底搞通了。

去开家长会时，我曾遇到成绩很好的孩子的家长拿着试卷去找老师，因为老师粗心给孩子少加了一分。看那位家长朋友一脸的严肃凝重，我当时就觉得有些不理解，那不过是一次平时的小考，那一分在孩子的试卷上就那么重要?

说这些的目的，只想和广大的家长朋友们说，虽然社会上一直流传着"分，分，学生的命根"这样的话，我们还是不能过于关注，把分数视作评价一个孩子的最重要的标准。通过孩子的试卷，来发现孩子学习中存在的问题，然后帮他们对症下药，一一解决才是最根本的。孩子考得好，家长自然高兴，但高分数背后，孩子的身上仍然会有这样那样的小问题，你可注意到了？孩子考得不好，也不要急着去呵斥孩子，找找原因，看看孩子是否已经为此付出了努力，然后静心坐下来帮他们仔细分析一下，以求得最适合他的学习之路。我始终认为，大多数孩子的智力水平都是差不多的，差别的出现有很大一部分来自于我们这些做父母的，我们所站的高度，往往就代表了孩子能达到的高度。从这个意义上来讲，我愿意自己始终处于一种学习前进的状态，为了能给孩子做一个合格的引路人。

4 老师，请允许我的孩子慢慢前进

小学三年级下学期，淼淼转学到一个新的学校，教材版本全不一样，老师的授课方式也不一样。在新学校里第一次考试，她的语文考了60分，刚好及格。下午放学去接她，在校门口正遇上她的语文老师。见到我，那位年轻的老师满脸不悦："王淼这次语文考得很差，作文都写跑题了，我看面子给了她分，不然，她离及格都很远。我们班上最差的学生都考七十多分，你们做家长的要回去多督促……"

"好的，老师，我知道了，回家我会帮助她尽快提高。"我回答得很爽快也很虔诚。

隔天，再去接她。又在校门口遇上她的老师，老师又对我说："王淼的字写得好差，回家你们得让她好好练字，弄得卷面上乱七八糟的。"

"好，好，回家我让她好好练字。"

再隔几天，去接她，还是校门口，还是那位老师。她又跟我说："王淼的作文水平太差了，一篇作文写三句话就没了，这样下去语文是无法学好的。"

那次的作文，我知道的，写一篇关于桂花树的说明文。孩子之前从来没接触过这种文体，就连要写的桂花树，也是搬到那个城市之后才认识的。写不出来，在我看来，也正常。

那一次，我没有急急答应着就走，我停下来，跟那位老师聊了半天。我先向她表示感谢，感谢她能及时地把孩子学习中的问题反馈给我们做家长的。尽管对那位老师的教育方式有些不尽赞同，但那些感谢，还是发自内心的。老师也有老师的苦衷，理解万岁。谈话前先站在对方的角度想一想，接下来的交流就容易了许多。

“老师，我们孩子新转到这个学校来，面对的是全新的教材，全然陌生的老师和同学，可能还有很多的不适应，学习起来可能就有些吃力。咱们都多些耐心，给她时间，让她慢慢适应，慢慢前进，好吧？另外，这个孩子还有个特点，比较喜欢表扬与鼓励，在家里，我们多以这种方式来教育她的。她新来乍到，还请您多费心，多多鼓励她。有什么问题，咱们随时交流，共同想办法帮助她，好吗？”

听完我这一番话，那位老师笑了：“就是啊，我们也是为了孩子好。我们也很欢迎家长与我们交流，共同督促孩子、帮助孩子。”

我们的交流很快就见到了效果。某天放学回家，淼淼很高兴地对我说：“妈妈，老师今天在班上表扬我了。”

“哦，表扬你什么了？”

“说我写字大有进步，说我是个爱读书的孩子。老师还说，爱读书的孩子没有成绩提高不上去的。”

接下来的那些天里，那个小孩儿天天快快乐乐地去上学，再不似以前那样愁眉苦脸了。前面我们拎着她耳朵叮嘱她好好写字练字，她说听得耳朵起茧子了。老师表扬她字有进步了，她就耐心坐下来，争取天天有进步。老师说她爱读书，她回家从我的书架上抽走很多大部头，连她以前从来不拿的诗词鉴赏辞典也拿去放到自己的枕头旁边。说是争取每天晚上睡觉前读一首诗一首词。她做这些时，我们也不闲着，趁机鼓励她，帮助她，把前面没搞通的功课尽量补上来。她再也不喊累了。

那是一种良性循环，老师惊喜地注视着她点点滴滴的进步，越发不吝啬地把赞美送给她，她在老师欣赏的目光中越走越从容自信。我原本预料，那次转学，她能在半年的时间内适应过来就很不错。而她的转变，远远超出我的想象。在短短的一个多月后，她已经完全融入那个新环境了。

这种情形，在几年后又再次出现在我的小侄子艺卓身上。事态的进展，几乎是当年淼淼转学时的翻版。艺卓在家乡小学读到四年级，转到爸爸妈妈打工的城市。一家规模不大的郊区小学，学生不多，他在的四年级一共才十六名学生。那十六名学生，在老师的严格要求与精心照料下，个个身手不凡。原本底子就不好的艺卓，进入那个班上，程度差得让老师大跌眼镜。他的基础还没有淼淼好。

转学后不到一个月，学校进行一次统考。艺卓差不多排到最后面了。老师打电话给孩子的爸爸，把他狠狠批了一顿。爸爸再打电话给我："姐，怎么办啊，老师说艺卓的成绩太差了，毛病太多了，再这样下去，说不定要劝退。"

"你打电话跟老师解释一下，孩子的情况特殊一些嘛。"

"哪好意思打啊。孩子成绩这么差。"

"别急，孩子需要时间来适应。把老师的电话给我，我先跟她沟通一下。"一边安慰着六神无主的老弟，一边飞快记下孩子老师的手机号来。挂了弟弟的电话，我就给孩子的老师打过去了。是课间休息时间，老师正好有空。电话里我们聊了二十几分钟，老师把孩子身上的问题一一罗列出来，足有十条之多：写字不好，上课思想爱溜号，不按时完成作业，老师布置的作业不往心里去，写话不行，阅读理解能力差……我这边一一答应着把那些问题记下来，承诺一定会帮孩子逐个纠正，"老师，这孩子以前在乡下学校里读书，爸爸妈妈都在外打工，爷爷奶奶又不识字，没能从小培养好的学习习惯，底子也弱，他可能需要一段时间来适应，我们都不要着急，好吧？您放心，您提到的这些问题，我们都会帮助他努力克服。"

那天，我们很愉快地结束了那通电话。

接下来的日子里，对照着孩子学习中存在的问题我们慢慢一一解决。

字写不好。为什么？贪玩，坐不住。这边写着字，那边眼睛瞟到电视上去了。跟他讲好，写作业写不好就只好把电视关了。他倒也听话，乖乖地按照我们的要求坐下来，每天练一百个字。

上课爱溜号。为什么？听不懂，跟不上老师的思路。那就慢慢教他学会提前预习。教孩子学会课前预习，对孩子的学习来说真的是一件事半功倍的事情。手把手教了几课，小家伙就学会了。之后上课溜号的事也不再发生。

不按时完成作业，是因为有时没把老师说的话放心里去。给他买了一本专门记作业的小本儿，每天都把老师布置的作业记下来。

阅读写作能力不好，是孩子读书太少了，从一年级到四年级，除了几本课本，他几乎没读什么课外书。这事还是得我来解决，找了一箱子适合他读的书快递回老家去。他像进了一座宝藏，自动把电视关掉了。每天完成老师布置的作业，就捧着我寄回去的那些书在啃。他在电话里跟我讲："姑姑，你寄给我的书太好看了，我都看入迷了。"书读得多了，再加上他之前在老家时那些丰富的生活经历，他写的作文让老师都大为惊奇。真人真事，真情实感，他所缺少的只是将那些素材组织起来的方法。

小家伙转学半年，每天都有让我们欣喜的进步。老师更是常把他当做教育别的孩子的榜样挂在口头上。

家长的鼓励与表扬同老师的鼓励与赞美是不一样的，在孩子们心目中的分量也不一样。有时候，老师的一句鼓励能顶家长一篇长篇大论。成绩好的孩子，自然是不缺少这种表扬；成绩中等偏下的孩子，得到这种赞美与鼓励的机会可能就少得多。而很多学生的家长，可能会跟艺卓的爸爸有一样的心理：孩子成绩不好，怎么好意思找老师沟通联系？在我看来，这是一种大错特错的心理。这样的孩子，尤其需要家长与老师的良好配合，做家长的尤其要主动去找老师沟通。老师的精力有限，不可能顾全到全班每一个学生，这帮成绩不上不下的孩子更不容易引起他们的注意。及时跟老师交流沟通，一方面可以引起老师对孩子的重视，另一方面也能有效地帮助老师更加细致地了解孩子，以便及时调整对孩子的教育手段与方式，这对孩子的成长进步很有帮助。

5 缺页的《寒假生活》

寒假后开学第一天，爸爸就接到孩子班主任打来的电话，电话里，老师怒气冲冲：“寒假里你们怎么监督孩子写作业的?！交上来的《寒假生活》中间少了很多页，你们竟然没有发现？问孩子，他有一大堆理由……”

爸爸在电话这边一个劲儿地给老师赔不是：“对不起啊，老师，您先消消火，等孩子回来我问一下怎么回事，回头咱们再交流。这事儿，也确实是我们疏忽，只看他作业本上该写的都写了，也没仔细检查……”

开学头一天，爸爸让儿子把作业本都拿出来看了一下，每篇都写得满满当当，字也写得非常清晰工整，比以前有了很大变化，心里一乐，还把儿子猛夸了一通。哪料想会出这样的事情？放了电话，就在想孩子那些不翼而飞的作业页码：以他对儿子的了解，应该不会是他自己做的，他从小就爱书如命，书角弄卷了都不高兴。会是他的小表弟小表妹们做的吗？寒假里孩子们一下涌进家里，天天在他的小屋里玩，会是哪个小淘气给他撕了？也不太可能。那样子的话儿子早就该不乐意了。那么，是孩子恰巧拿到手一本先天有残缺的作业？……

“等他回来。要是他做的，看我怎么收拾他。”孩子的妈妈已经气得脸都红了。

男孩中午放学，爸爸去接他。远远地看他背着书包从教室里慢吞吞地走出来，没有了往日的活泼。见面，叫了一声“爸爸”就怯怯地把小脑袋扭到一边去了。

“儿子，开学第一天，感觉怎么样？还好吧？”爸爸装作若无其事，拍拍他的小脑瓜就让他坐到自行车后座上。

“嗯……”儿子欲言又止。

“走咧，回家，妈妈已经做好饭在等我们喽……”

那一顿饭，小家伙吃得很是不安，端着饭碗，几乎是一粒一粒地往嘴里送米饭。妈妈几次想开口，都被爸爸以眼神制止了。他在等孩子主动开口对他们讲。

“爸爸，我……”男孩终于吃不下去，把碗筷轻轻放到桌子上，“爸爸，你怎么不打我？”

“爸爸为什么要打你呢？”

“因为我犯了错误了……”

“噢，是吗？你犯了什么错？”

“我把寒假作业中间扯掉了好多页，我骗了你们……”

爸爸猜想到他会主动向他们坦白，却还是没有料到这事真的是他自己做的。脑子里有片刻空白：“……不是，儿子，你说什么？你对爸爸妈妈说实话，那些缺页是怎么回事？我一直不相信我儿子会这么做……”

“是我。我……”

“可是又是为什么呢？”

“太难了……时间也来不及了，我没写完……老师说写不完作业开学要受罚的……所以……”

爸爸想破脑袋也没想通的事儿，他三言两语就把爸爸打发了。就这么简单，作业太多太难，他不想写，又怕受罚，就做了这等掩耳盗铃的事。他以为自己做得很高明，把《寒假生活》书中间的订书针取掉，然后悄悄拿走那些他写不完的作业再钉回原样，回头又跟老师说，那作业本发下来就少了很多页……

“你想干吗啊？！小小年纪，偷懒还偷出水平来了，你知道你这是什么行为？是逃避困难的懦夫，还是骗子……”听儿子说完，妈妈再也压不住火，“腾”

一下从桌前站起来，就冲儿子开了火。

“……”儿子低头不语，开始“吧嗒吧嗒”悄悄掉眼泪。

“好了，我们知道原因就行了。以后再不要犯这样的错误就好。虽然你犯了错，但爸爸还是要对你进行一番表扬，因为你诚实，你做错了但勇于承认错误，也是好孩子。午休吧，爸爸出去一下。”

“噢……”儿子乖乖去了自己的房间。

那个中午，爸爸做了两件事。第一件事，给孩子的老师打电话，向她坦承事情的真相并真诚地向她道歉：孩子身上出现问题，家长有义不容辞的责任。第二件事，就是跑遍市里大大小小的书店，给儿子去淘一本新的《寒假生活》。他要为自己所犯的错误承担相应的代价。

那天是雪后第一个晴天，路上又冷又滑，爸爸骑车穿行在那个城市的大街小巷，一家书店一家书店地问，最后才在滨江路图书批发市场上的一个不起眼的小角落里淘到了一本。

揣着它回家，儿子刚好午休起床：“爸爸，这么冷，你出去干嘛了？”

“我去给你们班主任老师道歉。儿子出问题，是爸爸没有管教好……”爸爸搓搓几乎冻僵的手，笑着对儿子说。“我又给你买回一本新的《寒假生活》，你认认真真从头做完，再交给老师检查。”

“……”小家伙接过爸爸手上的《寒假生活》，眼圈儿蓦地红了，“爸爸，对不起……”

“儿子，不要对爸爸说对不起。该说对不起的是爸爸，爸爸没有尽到爸爸该尽的责任。再到处跑着给你买一本新的作业回来，你也许觉得爸爸有些小题大做，其实不是的。孩子，我只想让你记住，面对困难逃避不是办法，做错了事就要为此付出代价。诚实敢担当，这才是一个男子汉应该做的。”

“爸爸，我记住了！”男孩重重地点头，把那本新的《寒假生活》装进了书包里。

此后的一个多星期里，男孩每天完成老师布置的作业，就趴在桌上认认真真地补那本《寒假生活》。老师们本来对男孩的行为怒火冲冲，后来竟然被感动：“若是所有的家长都像你们一样，我们的教育工作就好做多了……”

这一段小插曲就发生在我朋友的孩子身上，朋友跟我说起来时，这件事已经过去好久。孩子身上发生这样的事，我倒不觉得惊奇难过，哪个小孩成长的道路上不犯点错误呢？倒是为孩子爸爸的行为而觉欣慰——他不动怒不动粗，积极采取措施，给孩子上了极好的一课。

面对这样的境况，我相信大多数家长的反应会是怒火冲天，粗暴地把孩子打一顿，这样的家长可能不在少数。打过了呢？就过去了？孩子是否能从心底里认识到自己错在何处？对大人的那种惩罚方式又是否能心悦诚服地接受？也可能有人觉得老师小题大做，回头对这件事不了了之。面对孩子所犯的过错，大人言行过激，或者听之任之，都不是理智科学的做法。

孩子成长的路上，这样那样的小问题层出不穷。家教无大事，只要父母教育得方，再大的问题最后也会迎刃而解；家教也无小事，再小的问题，如果家长放任自流或者引导不利，最后也可能会出现大家都不愿意看到的结果。

6 良药可以不苦口

那天上午，家里的电话忽然急促地响起。接起来，是弟弟的，电话里，他一副气急败坏的样子："姐姐，你说艺卓怎么办啊？四年级了，写的字像一团乱草，连基本的笔顺笔画都不会分，学习习惯也不好，他老师可把我批惨了……"

一年到头在外忙活，忙得连孩子的吃喝都很少过问。偶然有时间，想起检查一下孩子的作业，作业本上写得一团乱的字却让爸爸生气了。妈妈也上火，把作业本一丢就把脸拉下来。十岁的男孩儿，看着片刻前还一团和气的家忽然被阴云笼罩，低下头悄悄躲到一边去抹泪。

我也着急，我是他的姑姑，我有足够的时间与耐心来教他，可我却远在千里之外，毫无办法。

春节，回老家过年，终于见识到他一团乱的写字本。确实乱，横线格的练习本上，一首抄得歪歪扭扭的古诗，要辨认半天才能找到完整的一句。

我让他写字给我看，他倒答应得很痛快，握着铅笔的小手在纸上画得飞快，却是一路踉踉跄跄、毛里毛躁。写一个口字两笔就画下来，不是方框，像被咬掉一口的圆圈。静静地坐在他的身边看了半天，终于知道他写不好字的根源——眼、手、心高度不配合。手在练习本上写，眼睛却早已瞟到旁边的电视机上："姑姑，是不是快到《动画乐翻天了》？"

事情没有他爸爸讲得那么严重，但再这样下去，真的不可想象。

“来，艺卓，咱们一起写字。爸爸说你写的字不够漂亮，我们让他看看，你到底能不能写得很好。我看过了，你就是写得太快了。只要你稍微慢下来，你就能写得很好。”找出他的语文书，打开他的练习本儿，我陪他一起坐在书桌前。

他很听话，开始坐在桌前一笔一画地写。十分钟过去，二十分钟过去，他已写了整整两页纸。整整齐齐的笔顺笔画，干干净净的纸张，与我之前看到的竟是判若两人。

“好了，咱们先停下休息一下。让姑姑来给你点评一下你写的字。这个‘峰’字写得真漂亮，左右搭配非常匀称；这个‘林’字两个木隔得有点远了，两个木隔远了就成不了‘林’啦；这个嘛……好漂亮，是王艺卓同学写的吗……”我一边给他点评一边在他的练习本上圈圈点点，写得漂亮的在下面标朵小红花，写得不规范的用圆圈标出来。他很高兴地站在我身后，听我点评。等评完第一面，再翻过一张纸来的时候，他对我说，“姑姑，让我来自己挑挑哪些字写得漂亮，哪些写得不好，没写好的我再重新写给你看。”

那天，他破天荒地一口气写了近一个小时的字，其间没有要喝水没有要上厕所也没有关注着电视里的动画片。

晚上睡觉，我借口一个人睡很冷，让他陪我去睡。他倒很大方，脱了衣服就钻进了我的被窝。

“王艺卓，今天跟姑姑练字累不累?”

“累。手指疼。”

“那你怪不怪姑姑?”

“不怪。因为姑姑是为我改毛病。”

“对啊，其实你能写很漂亮的字，只要你放慢速度，集中精力，你就能做得很好。你看你之前写的字，那真叫……”

“真叫难看啊。”

“是啊，再看现在的，那叫一个漂亮。可是这是为什么呢?”

“因为之前没有得到姑姑的指导哇。”

“哈哈哈……”

“你每天早上上学要不要把脸洗干净？”

“当然啦。”

“为什么？”

“这还用问，脸脏了人家笑话。”

“要是一张很干净的纸被你写上很不漂亮的字，你说好看不好看。”

“姑姑，我知道了。我以后好好练字。”

“你咋这么聪明呢？我还没说你就知道了。”

“哈哈哈……”

他不再讨厌写字，也不再天天记挂着他的动画片。我教他写字时，顺便捎带着给他改掉另外一些小毛病：比如做事不够专心，吃饭太爱挑食，有时候对大人不够尊重……我不急着让他一下子改过来，我只是提醒他，只是从正面告诉他那些有所成就的人都有哪些好习惯。十岁的孩子，他已经有了自己的判断。

人说良药苦口，忠言逆耳，在我看来这是不注意方式方法才会出现的结果。在面对孩子时，这苦口的良药、逆耳的忠言，更不好发挥它们的作用。包了糖衣的药片，一样起到治病救人的作用，同样的，忠言也可以顺耳。我习惯在每一次给他指出小缺点之前，先找到他的一个小优点稍稍表扬他一下，之后再转入正题，指出他的问题所在，而不是上来就板着面孔直接给他指出来。欲抑先扬，孩子的心一下子跟你拉近了，你下面再说什么，他也容易听进去。

他写得很漂亮的一个字，他把书桌整理得利索整齐，家里来了小妹妹他的谦让……这些都曾经是作为我教育他的前奏，出现在我们的谈话中，他很高兴地把那些优点发挥得更加淋漓尽致，他也很高兴地接受了我后面那些温和的批评。

奶奶说，姑姑回家一趟，艺卓好像一下子就长大了。饭桌上不再挑食，吃东西之前记着先往爷爷奶奶嘴里塞，作业本上的字写得一笔一画、整整齐齐，每天给自己规定半小时的看动画片时间，看完了自己要看的节目就直接关电视，有事不以哭闹解决，而是慢慢跟人沟通解释……那个脾气有些急躁的小孩子完全变了个样子，有时候还会一本正经地跟奶奶说：“我们之间要是有什么误会，一定不能着急，抓紧时间解释开了，两个人都不能生气。”

有人说，这个世界上没有有问题的孩子，只有不会教育孩子的家长。面对我们的孩子，我希望所有的父母都能多一些耐心，讲一些策略，用更多的爱与耐心，引导孩子，影响孩子。即便他们没能如我们渴望的那样优秀，即便他们身上有太多的缺点和毛病，我们仍能以自己的智慧与阅历，来温情委婉地告诉他们该如何去走那条正确的路。

7 孩子是父母的一面镜子

淼淼初二学期结束时，我去开家长会，孩子的班主任在台上讲了这样一小段话，给我印象很深。她说：“有家长朋友来找我，对我说：‘在小学里，我们的孩子样样都非常出色，各科成绩都很好，学校里有什么活动都少不了他。为什么到了现在，孩子会发展成这个样子?’说真的，听到这位家长朋友这样来问我，我无话可说。因为我也非常想知道，这到底是为什么。”

老师讲完这段话，台下很多双眼睛都不约而同扫向坐在墙角的那位妈妈。大家都明白老师在说谁。

那位妈妈连同她的孩子，我不陌生。从小学到初中，那孩子都和淼淼在一个班上。妈妈讲得没错，整个小学阶段，那个孩子的表现都相当出色。英语学得尤其棒，才读小学，已经掌握了近三千个单词。那时候，他是老师们的宠儿、妈妈的骄傲。每次家长会上，妈妈都作为家长代表，上台发言。

“孩子很聪明，只是有些浮躁，老师讲课时他不太虚心，以后要能克服这点小毛病就更好了。”再优秀的孩子也有缺点，每次家长会上，孩子的老师在表扬完那个孩子之后也会善意地提醒孩子的家长几句。同样的提醒，从小学三年级直到孩子小学毕业，竟然没有丝毫的改观。及至孩子读了初中，这些问题越发严重。科目难度越来越大，孩子的坏习惯所带来的坏影响也越来越明显。课上不能虚心听课，课后做不对题目又开始埋怨老师讲得不好。那孩子与淼淼做了一个月同桌，淼淼把他那些小毛病全看在眼里，轻声提醒他，他倒不高兴：“要你管啊？”气得淼淼后来也不再说他。

出现问题，先找原因还是先找借口，决定了一个人要走的路，是要走向成功的康庄大道，还是走向失败的泥泞小路。孩子的成绩下滑，不尽如人意，一定有原因在里头。很可惜这位家长没有从自家孩子身上寻找，先把责任推给了学校。孩子小学时成绩顶呱呱，到了你这所中学就不成了，很明显的意思是，学校教育得不够好。可那些小学里表现平平到了中学后反倒表现优秀的又如何说呢？所以，孩子的班主任后来讲的那几句就很有分量，有一针见血的犀利：“孩子就是父母的一面镜子，从孩子看问题的角度，处理问题的方式，我一般就能判断出孩子背后的家长是什么样的人。”

有一段时间，因为生活中的种种琐事，我的情绪坏到极点，脾气也坏到极点。一点点不起眼的小事就能让我大发脾气。比如某次吃晚饭时，淼淼不小心把面前的汤碗打翻了，水淋淋的汤水在桌子上漫开来，把新洗的桌布弄脏了，也把她身上那件粉色的上衣弄脏了。弄脏了，又有什么，换掉洗一下，收拾好再重新去给她打一碗汤，一顿快乐的晚餐可以继续。我却无法控制地发作，一把将她从桌子前推开，气急败坏地去收拾乱成一团的桌子。

孩子吓呆了，低着头“吧嗒吧嗒”掉起眼泪来……我向来讨厌孩子在吃饭的时候哭，看她流泪，心底的火苗蹿得越高：“哭，哭，早干吗去了，吃不好好吃，坐不好好坐……”

她哭得更凶。

对面的爸爸坐不住了：“不就洒了点汤，至于发这么大火？”

“至于！”熊熊战火换一个风向，扑向对面那个无辜的男人。

最后的结局：孩子哭，妈妈气，爸爸在一边无奈地收拾餐桌。一餐原本精心准备的饭菜都被通通倒进了垃圾筒里。

那些天，我不知道自己怎么了，掉进一个坏情绪的漩涡，如何努力都爬不出来。我像一只时刻准备战斗的刺猬，谁靠近我，我就会张开刺扎谁。

那天去她的房间帮她收拾东西，忽然发现她一向珍爱的几个玩具娃娃都横七竖八地躺在地板上，有的被揪了小辫子，有的小裙子被拉下来了。我吓了一大跳。那些娃娃，她平时可是宝贝得什么似的，谁敢那样“虐待”它们？急急忙忙替她收拾好，等她放学回来问个究竟。

中午，她放学回来，脸拉得很长。

我问她：“淼淼，你的玩具娃娃，散了一地，是谁弄的？”

“我。”回答得理直气壮。

“啊？”

“心情不好，发泄一下而已。”她淡淡地瞟了我一眼，低头去做自己的事。

那个中午，躺在床上，翻来覆去不能睡。我在孩子的脸上看到了自己，一个暴躁无常、不够冷静理智、不快乐的自己。我不能再把那种不快乐传染给孩子啊。

什么样的环境造就什么样的孩子，孩子是你的一面镜子，你给孩子一张快乐的脸，孩子给你的才是一颗快乐的心。别以为孩子小，不懂事，其实，大人的一言一行，都在她小小的心里装着。这种影响，不是一朝一夕，而是会影响到孩子一生的长路。你愿意你的孩子从现在起就做一个天天怒气冲天、不快乐的人吗？

不愿意，一千一万个不愿意啊。相信天下父母没有一个愿意看到自己的孩子不快乐。

桃乐丝·诺帝在讲到给孩子什么样的环境时，分析得更是精辟透彻：指责中长大的孩子，将来容易怨天尤人。敌意中长大的孩子，将来容易好斗逞勇。恐惧中长大的孩子，将来容易畏首畏尾。怜悯中长大的孩子，将来容易自怨自艾。嘲讽中长大的孩子，将来容易消极退缩。嫉妒中长大的孩子，将来容易钩心斗角。羞辱中长大的孩子，将来容易心怀内疚。容忍中长大的孩子，将来必能极富耐性。鼓励中长大的孩子，将来必能充满自信。赞美中长大的孩子，将来必能心存感恩。嘉许中长大的孩子，将来必能爱人爱己。接纳中长大的孩子，将来必能心胸广大。认同中长大的孩子，将来必能掌握目标。分享中长大的孩子，将来必能慷慨大方。诚实公平中长大的孩子，将来必能维护正义真理。安定中长大的孩子，将来必能信任自己、信任他人。友善中长大的孩子，将来必能对世界多一份关怀。祥和中长大的孩子，将来必能有平和的心境。

你的孩子是在何种环境下长大的呢？你自己又是一个怎样的人？这一些，不消说，从孩子的身上就能看得出。孩子的今天，父母的昨天；父母的今天，孩子的明天。孩子就是父母的一面镜子，你在这面镜子里能清晰地看到自己。你想让你的孩子拥有一个什么样的现在和未来？快乐的、充实的、健康的，相信所有的父母都会选择这样的答案。那么，从这一刻起，放下你所有的愤怒与抱怨，做一个温柔可爱的天使。明天，孩子回报给你的，才会是一张天使的脸庞。

8 爱在前，管教在后

“这个孩子，真的是没救了。他被网络游戏给彻底毁了……”站在我面前，那位妈妈说起那些过往，怎么也忍不住决堤的泪水，“读小学时，他真的是一个很乖的孩子，那时我们一家人在一起，多幸福啊。可自从他迷上了网络游戏，他就完全变成了另一个孩子。成绩直线下降，对家人动不动就发脾气。他爸爸脾气软弱，就只能让我来出面当这个恶人。我让他少玩游戏，努力学习。我一开口，他就挥着拳头来了……我脸上这块伤疤就是他给我留下的……”妈妈哭得说不下去，一边的少年却两眼望天，一副油盐不进的样子。

少年十四岁，瘦瘦的，比妈妈高出半头了，一直阴着脸，没有半丝笑。

那对母子是我到那个山区县城中学作报告时遇到的。妈妈听完报告特意拉了儿子来找我寻求帮助。

“孩子，你听着妈妈这样说，心里怎么想？”我问少年。

“我打她都是因为她自己有错。”少年满不在乎地回答。

“如果你在外面遇上别人打你妈妈，你会上前保护她吗？”

“那也要看人家是因为什么打她，看打她的是谁。”

“是的，我在他的眼里，连一个外人都不如……”听着儿子冷冰冰的回答，妈妈再次痛哭失声。

听少年如此说我也不由凉意顿生。我见过不听话的、叛逆的少年，他们同妈妈对抗，可一旦妈妈遭遇外来的袭击时，他们还是会勇敢地冲上前，保护妈妈。那个十四岁的少年，真的把妈妈视若仇敌了。

妈妈认定是网络游戏害了他。“他有心事，宁愿跟网上的陌生人说，也不跟我们说。他每天吃完饭就挂在网上，打打杀杀，他……”妈妈还想再说下去，我轻轻制止了她：“这位妈妈，我可以单独跟您的儿子聊一下吗？这位同学，你愿意敞开心扉跟老师说说心里话吗？”

我将征求的眼神投向那对母子，他们两个不约而同地回答：“愿意。”

“我现在特别怀念小学那段时间，那时我们一家人在一起，多幸福啊。”少年的开场白几乎同妈妈如出一辙，“可我上了初中，爸爸妈妈就将我放在老家，他们在广州那边做生意。妈妈每月回来一次，也只待一天。可您知道，她回来最关心的是什么事吗？就是我的学习。她只关注我试卷上的分数，关注我将来能不能考上重点中学。在她回来的那一天里，恨不得把我身上所有的缺点、问题都挑出来，让我一下子改掉。我跟她说，妈妈，我长高了三厘米了。您猜她说什么？她说，长再高有什么用！考大学也不靠身高。这就是冷场。老师，您懂冷场吧？我就再也不想跟她说什么了。后来，我看着她烦，她一说话我就想发脾气。读到初二，有些科目，我明显跟不上了，心里很烦，很怕，不知道自己的未来会是什么样子。可我没有和人说。妈妈永远一副急匆匆、高高在上的样子。她总是说她在挣钱养着这个家，我就得听从她的……可她爱过我吗？她除了会跟我唠叨，还对我做过些什么？6月25日是我的生日，我是在网上过的，我网上的朋友都给我发了生日祝福，可我没有等到妈妈的生日祝福，她根本不记得……你们大人都说网络多可怕，你们不知道网络上也有温暖，现在那里才是我的家……”少年一口气跟我讲了这么多，直讲得我的心里泛起浓浓的酸涩。

少年的眼眶儿也红了。

回头把少年的一番话说给孩子的妈妈听时，妈妈哭得更厉害：“我一直以为是网络害了他，没想到……我太要强了，面对我的家人，我从来不会示弱，也不会示爱，我总觉得他们是我的亲人，没必要。可我心里在意他们啊……我以后一定注意，只要孩子肯给我机会……”

我又把妈妈的这一番话传给了少年，少年低下了头，他没说什么，只上前轻轻地抱了抱妈妈。

那应该是冰冻融化的开始吧。

半个月后，妈妈打来电话：“王老师，谢谢您。我现在已经重新调整了自己的生活重心，我把更多的注意力给了家和孩子。我儿子跟我的关系缓和多了……”

隔几天，打开邮箱，少年一封简短的信赫然闯入我的眼帘：“老师，谢谢您。我现在正在努力从虚拟世界里退身出来。妈妈也很不容易，以后，我要努力帮她承担起她肩膀上的担子。”

这应该是一个我期待的完美结局。尽管这对母子以后的人生之路并不因此风平浪静。

猫狗儿喜怜惜，你时不时关注它，逗弄它，它便摇着小尾巴绕在你左右不肯离开。小孩儿也如此，有着猫狗儿一样的天性，他们更喜怜惜。面对有思想的孩子，你可以用自己的言行来管教他们，这也是为人父母的责任，但在此之前，一定要先让孩子知道你是爱他的。那样的爱不需要怎么轰轰烈烈，也不需要深刻地掩藏，一餐一饮，一蔬一饭，孩子开心时你陪他一起开心，孩子失意时你及时向他敞开温暖的怀抱，爱在前，教在后，你的教诲才可能点点滴滴落到孩子的心里去。不然，那些苦心教诲只能变成孩子反击你的理由，让他的心离你越来越远。

9 孩子的心，伤不起

男孩11岁，读小学五年级。

老师布置了一篇作文，一道孩子写过很多次的题目，他还是不会写。央求妈妈坐下来帮他。妈妈果真放下手头的活儿，坐在他的书桌旁边。

妈妈开始教他写，如何审题，如何开头，如何围绕中心来组织材料。妈妈说得口干舌燥，孩子还是待着不动。没办法，妈妈只好先给他开一个头。这下，孩子开始动笔了，妈妈说一句，他写一句，连一个标点符号都不肯动脑筋去想。孩子的心思，分明不在那里。

妈妈终于火了："这作文到底是你写还是我写?!"

孩子的火气更大，"腾"一下从桌子前站起来，双目睁圆，不说一句话，只气咻咻地瞪着妈妈。那天的作文就那样搁浅。

第二天早起，孩子照常去学校上学，妈妈同往常一样给孩子收拾房间。孩子书桌上，那张打满大红叉的纸张一下子就把妈妈的眼睛灼伤。那是一张写满了妈妈名字的纸，每一个名字下面都画着一个粗重的大红叉号。那些粗重的红叉号，如血淋淋的匕首，直刺妈妈的心脏。多大的仇恨，要孩子用那样的方式来宣判妈妈的死刑?

妈妈在痛苦中煎熬等待，等孩子放学回来。她原本想跟孩子好好谈一谈的，她想知道问题到底出在哪里。她早出晚归，辛苦上班赚钱养家，她那么爱他疼他。可就因为写作文那么一件小小的事，他竟然对她发出如此的诅咒。

母子的交谈并没有出现妈妈渴望出现的结果，孩子闭口不说。

“你告诉我，到底是为什么？”妈妈指着那张写满了她的名字又画满了红叉号的纸，尽力把自己的火气压下去。

“我为什么要告诉你？”男孩昂首侧目。

“因为我想知道原因。”

“我凭什么要告诉你?!”

“因为我是你妈妈，你却用这样的方式来诅咒你的妈妈。你告诉我，为什么?!”妈妈的火气再也压不住，声音提高了很多个分贝。

“你自己知道！”

那天的谈话，以妈妈的眼泪和孩子一脸的不服而告终。谈话进行不下去，那一份母子亲情也迷失了方向。

镜头再一转，是在某心理咨询室的办公室里。

妈妈泪流满面，在向心理咨询师倾诉：“……我恨他，我恨……是他让我的今天变成这个样子……这些年，我过的什么日子，只有我自己知道。我在人前强装笑颜，伪装坚强，我的泪水都在我自己的心里。他打我……每次喝完酒回来就往死里打……”随着心理咨询师的引导，妈妈的倾诉最后变成了血泪控诉。那真的是一个弱女子的血泪史。她遇上了一位爱醉酒施暴的男人，她跟那个男人过了数年提心吊胆的日子，生下孩子，孩子又陪着她一起来过那些让人恐惧的岁月。好在，他们最后离了。她带着孩子远远地离开那个曾经让她伤心绝望的家。可她却无法忘却曾经的伤痛。因为孩子的存在，孩子还要在爸爸妈妈之间来回穿梭，那份争吵与伤害也便还在持续。

她时时在孩子面前提醒，不要像他那个混账父亲。有时是笑着说，有时是哭着骂。孩子的爸爸也在提醒，那个无情无义离他而去的坏女人不是什么好东西。孩子从来不说什么，直到那天的纸条出现。妈妈觉得一下子失去了活着的意义。她盼着孩子长大，长大的孩子却是前夫的翻版。

“你真的恨你妈妈吗?”

“也不是。我知道妈妈受了很多苦。”

“那你为什么要那样咒妈妈?”

“不知道，一下子忍不住就爆发了，尤其看到妈妈冲我发脾气的时候，我的火气比她还大。”

“那你最想对妈妈说的一句话是什么?”

“我想说，你们别再在我面前吵来吵去，我真不想看到这样子，你们吵的时候，我特别伤心……”那是孩子那天第一次在镜头前低下头。打了马赛克的脸部，看不清他的眼神，却能看到滑落到孩子嘴角的泪。

这是我某天打开电视时看到的一档访谈节目，节目的最后，如很多类似的节目那样，心理咨询师帮助、调解，当事人现场拥抱言和。妈妈说以后一定要注意不在孩子面前乱发脾气，儿子腼腆地低头笑着答应了妈妈的一切请求。一切皆大欢喜。

这对母子的生活，会不会顺着这个平静的轨道一直幸福地持续下去?笼罩在孩子心头十年的阴影，会不会在一朝一夕间轻轻挥去?都是一个谜。

修补伤害，莫如避开伤害。我小时候的记忆中，父母似乎从来不曾吵架，便以为他们是天下少有的恩爱夫妻。长大了，问及母亲，母亲笑说，天下哪有不吵的夫妻，只是从来不让你们知道，你们进家门，我们吵得再凶也得叫停，这是家里的规矩。我记住了这句话，成家生子，因偶尔的摩擦跟孩子的爸爸争吵发脾气，也尽力避开孩子。孩子的心目中，家永远是最温暖祥和的地方。

婚姻的围城里，一对俗世的男女搭伙过日子，难免会遇到鸡零狗碎的烦心事，难免勺子碰锅沿儿，有时甚至吵得鸡飞狗跳不得安宁。吵归吵，闹归闹，当有一双稚嫩的眼睛在一边恐惧又无助地注视时，请把那扇愤怒的门轻轻关上，千万莫让夫妻间的战火伤到无辜的孩子。成人对孩子，一次不经意的伤害，有时你付出一生的代价可能都修补不起。

孩子的心，伤不起。

10 不成凤，就做一只快乐的小鸟

晶晶从家里搬出来的那天，妈妈和她大吵了一架。因为街舞。

初三下学期的学生，马上就要面对竞争残酷的中考了，晶晶却疯狂地迷上了街舞。每天晚饭后，别的同学都在伏案紧张地复习备考，她已换上舞蹈服去练舞了。那一去，就是几个小时，不跳得浑身大汗淋漓不会回家。那样的状态下，她的学习成绩可想而知。

妈妈急，劝她：还是以学习为重，现在可是关键时刻。

她却不急，总有很多的理由回复妈妈：学习那么紧张，让我适当放松一下不好吗？

妈妈再讲，她就跳起来：我就知道，你看不起跳舞的人，我就是不喜欢上学就喜欢跳舞，怎么了？我就是要以跳舞为职业，怎么了?!

是的，我就是看不上你们那帮子人，不伦不类流里流气，我就不信你跟他们能混出个什么名堂来，从明天起你再不要去那里……妈妈也被激怒，情绪完全失控。那样的劝说，妈妈已经重复了不下几百遍几千遍，却没有收获半点成效。

一场战火就那样不可避免地爆发，彼此中伤的话，噼里啪啦摔向对方。晶晶红着脸、直着脖子冲妈妈叫：“反正你看我怎么都是不顺眼，所有的错都在我，全世界的错都在我。既然你看我不顺眼，那你为什么生我？我当初让你生让你养了吗？我给你这个权利了吗？……”

这叫什么话啊？又叫妈妈如何回答？妈妈瘫坐在沙发上，手抖得厉害。她那边却已在收拾东西要搬出去了。妈妈无力上前阻拦，她也知道自己拦不住。母女之间那根本就脆弱不堪的情感纽带已到了断裂的边缘。

“让我们彼此都冷静一下吧。”这是晶晶离家之前给妈妈说的最后一句话。说这一句时，她脸上也挂着泪。那两滴泪，又一下子把妈妈心中的怒火浇灭了。妈妈看着她费力地拎着箱子消失在楼梯口的背影，排山倒海的痛袭上来……

明明那么爱她，为什么事情会发展成这个样子？为了她，他们省吃俭用给她创造最好的生活、学习条件。为了她，妈妈辞掉了干得顺风顺水的一份工作，陪她来住学区房；为了她，妈妈每天早起晚睡日夜操劳……这一切，在她说那一句话之前，妈妈都不以为苦。妈妈只希望自己的牺牲能给她换回一个明媚的明天，可她却把今天的日子就过成了一团乱麻：她的脾气越来越古怪，不允许爸妈在她面前提一点儿意见甚至是建议；她的成绩一团糟，却丝毫没有着急的迹象；他们为她谋划的未来之路，她想也不想竟然要以街舞为职业……

她搬回老房子，电话也拒绝接听。为了让她回家，妈妈狠狠心把她的经济来源断掉了，她竟然还是不为所动，开始利用课余时间去大街上替商家发广告。远远地站在街角，看她拿着厚厚的一摞广告不断地向行人发放，妈妈心里说不出什么滋味儿，却不敢上前去扰她。那对母女，已经到了势如水火的地步。

其间，只有晶晶的爸爸来来回回充当老好人。他可以到老房子里去看她。她却拒不接受爸爸给她的生活费。这个倔强的丫头。

那些天，家里的日子像被定格在黑夜里，漫长得看不到一点儿希望的亮光。每天晚上七八点钟，家家户户的窗口已亮起温馨的灯光。妈妈和爸爸，会呆呆地站在那一栋楼前的草坪边上，远远地向着那一扇黑洞洞的窗口望。窗还是黑的。她还没有回来。她不回来，他们就无法安心回那边的家里吃晚餐。这样的守望一直持续了一个多月了。

晶晶已搬到老房子里整整四十天了。他们对她的等待几近绝望，她却在那天拎着大包小包的东西出现在家门口。白色的购物袋，装得满满当当，有新鲜的蔬菜和水果，也有面包和糕点。打开门，看到她的那一刻，妈妈的眼泪莫名地下来了。她终于回来了。

“今天是母亲节，我回来给你做顿饭吃……”妈妈去接她手上的东西时，她迅速地扭了头，眼里有了泪光。四十天，她黑了，瘦了。

那是晶晶从小到大第一次给爸妈做饭。一桌子八个菜，全是她做的。她竟然在离开家的那段日子里学会了那一切，尽管厨艺不好，每道菜不是咸了就是淡了。对于晶晶的父母，却是天下最难得的美味了。

告诉自己，那天只管享受那难得的天伦之乐，不再对她唠叨，不再对她说教，可举起酒杯，妈妈还是没忍住：“晶晶，回来吧……你要理解爸爸妈妈，好好学习，别再去跳那个什么舞了……”

“哗啦”，晶晶手上的象牙筷子扔到了桌面上。她“霍”地从桌子前站起来，扑到旁边的沙发上。那是她离家之后第一次在他们面前大哭，也是第一次在爸妈面前倾诉她内心的委屈：“我就是想回来陪陪你们，我知道你们不容易，我知道你们每天都会到我的楼下去看我，我一个人住在老房子里也想你们，牵挂你们……可你们一见面就说，说我的学习，说我的未来……这些年，你们完全让我按照你们替我规划的路走，可你们想过我的感受吗？我的成绩也就中游，你们花钱也要把我塞进重点中学重点班，你们知道我在那里要承受多大的心理压力吗？我努力了，可我赶不上他们。我喜欢跳街舞，因为只有那时候我才能找到一点点自信……妈妈，别再在我面前说，你为了我放弃工作，为了我起早贪黑，这些我都知道，可我承受不起。给我们彼此一些空间，让我们都有各自的快乐与幸福，不好吗？……”

许是压抑太久，许是那天的场景触动了她，晶晶那天说了很多——很多以前从来没在父母面前说过的话——让妈妈大梦方醒的话。自以为是的母亲，自以为是地以爱的名义替她规划好路，却从来没真正地走进过她的内心，没能给她一份真正的快乐。

那一晚，晶晶没再回老屋，抽抽搭搭在自己的房间里睡了。

那一晚，隔壁的房间里，妈妈和爸爸一夜无眠，一直在反思自己这些年教育路上的得与失。

是的，她没有他们渴望的那么优秀，小学、中学，学习上一直表现平平。

小升初，以她的成绩也就够读一所普通的中学，他们绞尽脑汁把她送进重点中学，妈妈甚至为此放弃了条件优厚的工作。他们渴望以自己的双手托起智力平平的她。可事与愿违，她没有更好地利用起优越的学习资源，连自信心也被打击得七零八落，还有他们之间那份最宝贵的亲情也几欲断裂。

爱没错，路却错了。

反思过后，爸爸妈妈第一次郑重其事地坐下来跟她谈：我们为以前的做法向你道歉，也希望你能理解我们的一片苦心。从此后，我们会尊重你的选择，我们爱你，却不会再霸道地替你作决定，而我们的建议也仅供你参考，你应该学会对自己负责了。

晶晶搬回了家。

两个月后，晶晶的中考成绩出来，分数仅够上一所普通的高中。这一次，爸爸妈妈没有再焦虑地为她选择，而是高高兴兴送她去了她报考的那所普通高中。

新学校大门口，一身学生服的她接过爸妈手上的包，调皮地笑笑就进了学校：爸爸，妈妈，你们放心吧，我会在这里好好地学习、生活的。

妈妈向她摆摆手，眼泪又止不住地落下来。

天下父母，哪个不是望子成龙、望女成凤？可我们更应该关注的是孩子的健康与快乐。与其勉强让孩子去做一条不快乐的龙、一只不快乐的凤，倒不如让她成为一只普通的、快乐的鸟，自由地去寻找属于自己的那片天空。

晶晶的故事，是晶晶的妈妈对我讲的，如今，晶晶已经是一名高二学生，在一所普通的中学里，她的成绩不错，更重要的是，她很快乐。相信发生在晶晶家庭里的故事也曾经或者正在你的、我的、他的家庭里上演，而我们又该如何去面对？值得每一位家长深思。

11 跟谁也不比，每一个都独一无二

女孩的爸爸妈妈都是商界强人，事业做得风生水起。他们当然也希望自己的孩子能继承他们的优点，在各方面都能出人头地。可女孩却表现平平，真是让他们大失所望。为了提高女儿的成绩，那对父母可谓煞费苦心，手把手地辅导还不够，给她每科都报了辅导班。对于父母给她做的那些安排，女孩慢慢有了排斥心理。她每个周末忙忙碌碌奔波在各个辅导班之间，可效果依旧不明显。

要从根本上解决这个问题，就得让孩子从思想上引起重视。爸爸妈妈私下里一商量，想起一个好主意。榜样的力量是无穷的，在孩子的身边树立起一个好的榜样来，她前行的劲头自然就足了。机会刚刚好，有个乡下亲戚的孩子刚好与那女孩在一所中学读书，读的还是一个年级。那女孩家里很穷，孩子却很懂事，学习成绩在班级里名列前茅。让那孩子搬到家里来，可以随时帮助激励自家女儿，也能帮那个孩子解决一些生活困难，多好的事啊。那么一商量，那女孩就搬到家里来了，跟家里的女儿同吃同住，像姐妹一样。乡下亲戚对他们这种举动可谓感激涕零。

可那样的举动似乎并没有给两个女孩带来快乐。对家里突然降临的不速之客，城里女孩尤其不适应，她无法理解父母的做法。乡下女孩在那里也生活得谨小慎微，每天要看城里女孩的脸色行事。认认真真地

帮她复习功课，认认真真地将自己做好的笔记给城里女孩看。一个月之后，学校一次小考，城里女孩成绩还真有了很大提高。爸爸妈妈高兴了，带着两个孩子到商场，一人一身名牌运动服，又回头叮嘱自家女儿：以后好好跟着你表妹学，你看看人家年纪比你小，成绩却比你好这么多，你跟她还有很大差距呢！

孩子点头应着，脸色却慢慢沉下来。

从小到大，她是家里的太阳、公主，何曾有谁来分享父母的爱。可自从那个土里土气的乡下表妹来家里后，家里的气氛就完全变了。爸爸妈妈常挂在口头上的一句话就是：你看看你妹妹……

不可否认，乡下表妹在学习方面是比她强很多。为了重新赢得爸爸妈妈的赏识，城里女孩也在私下里悄悄努力了。不然，那十几分的进步不会来得这么快。第二次考试，城里女孩又进步了几分，可那份进步已经没有先前那么明显，第三次考试，没进，倒后退了。后退了，爸爸妈妈的数落自然也就跟着来了：为了你，我们花这么大的代价，等于是在供两个学生读书，你能不能给我们争点气？话说到这份儿上，两个女孩都红着眼圈儿低下了头。

怨恨，自卑，可能就是在那个时候在两个孩子的心里生根发芽的。

爸爸妈妈真的不再爱我了，他们眼里只有那个成绩好的表妹，不再有我。城里女孩这么想。

姑姑姑夫让我来帮表姐提高成绩，我吃他们的用他们的却没有达到他们想要的效果，一定是我做得太差了。乡下女孩这么想。

想来想去，原本关系就不怎么好的两个女孩又开始互相怨恨。城里女孩埋怨乡下女孩抢了她的爱，乡下女孩觉得城里女孩有点仗势欺人。那个年龄的孩子，本就容易钻牛角尖，再加上大人没有及时发现那些思想苗头，没能及时教育引导，悲剧就那么自然而然地发生了：城里女孩儿为报复爸爸妈妈的偏心，某天放学后，在自己屋里将手腕割了。好在，发现及时，孩子被迅速送到医院，没什么生命危险。那个乡下女孩却再也不愿意在那里住下去了，她觉得那一切的发生都是因为自己的出现……

两个孩子重新回到学校，性情都大变。这一次，成绩一落千丈的不仅仅是那个城里女孩子，还有那个乡下女孩。她不愿意再在学校里待下去，初中没读完就辍学回家了。

这样的结果，是两家家长都不曾预料的。

“你看看人家……”孩子写作业不专心了，找一个写作业认真的孩子给他做榜样。

“你看看人家……”孩子考试不好，找班上成绩最好的孩子刺激他一下。

“你看看人家……”多少父母挂在嘴边上的教子口头禅，张嘴就来。可你想过这句话的杀伤力吗？

那天跟淼淼一起聊天，问她最讨厌爸爸妈妈说的话是什么，这一句竟然被她排在首位。可见孩子们对大人们之间的这种对比有多烦。榜样的力量是无穷的，榜样利用不好，有时候会带来谁都不愿意看到的结果，发生在那个家庭里的故事就很有警示意义。

教育孩子时，我们可以让他们以优秀、以强者为榜样，却万不可做糊涂爸妈，一开口就是“你看看人家”。可以教孩子博采众长，却不拿他们跟任何一个比。跟谁也不比，因为每一个孩子，在这个世上都是独一无二的个体，他们有属于他们自己的缺点，也有属于他们自己的优点，无论是优点还是缺点，作为独立个体的他们，首先要得到的应该是我们成人的尊重。

12 每天给孩子一个拥抱

周末，一家人趁难得的休息日，一起出行，到郊外去玩，却被一个电话无端扰了那份好心情。

电话是老家妹妹打来的。

“昨天从从爸爸看她的数学试卷，一张试卷，做得乱七八糟，上面的题目基本都是错的。她爸爸急了，把她的MP5摔烂了，把电脑网线也扯断了……我看这孩子这段时间狂得不像样子了，每天放学回家，潦草应付完作业，就赶紧去上网，叫她吃饭都得叫几遍……看她QQ签名，好像想去跟某个男孩子网友见面……这么大的孩子，骂不得，又打不得，你快给支个招儿啊……”电话里，从从妈妈说得很急。

也是，孩子出现这么大的问题，哪个做家长的不急。

十二岁的从从，今年读六年级了，长得乖巧可爱，学习成绩在班上一直是不错的。怎么忽然之间，一下子冒出这么多问题来？细问之下，才慢慢听出些根由来。

“这段时间我和她爸爸都忙，她爸爸三天两头出差，也顾不上问她，我们单位正在评职称，我在忙着复习，陪她的时间也少了。我和她爸爸，你也知道的，我们的教育观念有些出入，我觉得女孩子应当严管，她爸爸偏说女孩子要富养。可好，MP5、手机、电脑，都可着她玩，说什么这样子长大了对这些东西就会有抵抗力了……就成了现在这样子。爸爸一看又急了，暴脾气上来，把孩子的MP5摔烂了，孩子吓得大哭，他又心疼，准备给她买个新的MP5……”

看来还真有糊涂的父母。那天下午，我坐在电脑前给他们写电子邮件，针对从从的情况，邮件中我给他们提了四点建议。

1. 一个家庭要搞好孩子的教育问题，夫妻一定要配合默契，观念统一。若不能做到这一点，很容易让孩子无所适从，不知谁对谁错。像你们这种情况，尤其需要统一理念。因为你们的意见不统一，妈妈不敢放手去管，管了孩子也未必听得进去。在这一点上，爸爸该给妈妈充分的信任才是，相信妈妈是爱孩子的。给对方信任，给她去管教孩子的权力，在孩子面前树立起她作为母亲的威信来。其实，双方都该如此。妈妈也要在孩子面前维护爸爸作为一下父亲的威信。

2. 管教孩子的过程中，尽量避免冲动，骂孩子、打孩子、砸东西都不是解决问题的好办法，只会给孩子带来负面的不良影响，这种环境里长大的孩子，长大后很容易效仿大人的做法。如果真的太愤怒冲动，做了让自己后悔的事，伤害了孩子，切记一点，千万不能用物质奖励来抚平孩子内心的伤。你可以去跟孩子谈心，可以真诚地向她道歉，但你一定要让她明白，你发火的原因是因为她身上的错误在先。就算你向她道歉了，你还是决不允许那样的错误再发生在孩子的身上。如果孩子挨了一顿骂或者打，最终换回你满怀内疚的礼物，那她那顿打骂就白受了，你的礼物也只能害了她，丝毫起不到教育的作用。

3. 孩子现在应该是进入青春期了，这是特别关键的时刻。这个年龄段的孩子有了自己的心事，如果父母不加以正确引导，很容易走入误区。孩子迷恋网络，说明她在生活中受到的关注不够。一定要多多关心她，多多陪她聊天，尽量了解孩子的内心在想什么。孩子如果过分迷恋网络了，靠她自己的力量不能让她退出来，我们大人就该强行采取一些措施。把她的MP5没收，网线断掉，并且明白无误地告诉她：在你不能很好地控制自己的行为之前，这些东西不会还给你，我们必须为你负责。等孩子的心思主要用在学习上时，这些东西对她的危害也就没那么大了。你们平时工作忙，出差较多，但回家来时还是要多跟孩子聊天交流，而不是把她当成小宠物一样拉过来亲热一番就好。每天再忙，也要抽半个小时时间来陪她说话，问问学习上的事、学校里的事，听她讲讲同学之间的一些小事，这些都有助于我们把握孩子的内心，知道她在想什么，我们才能制定出相应的教育策略来。

4. 爱孩子不能溺爱，那是害孩子。别让优越的物质条件成为她成长路上的绊脚石。爱孩子可以，但在原则问题上丝毫不能放松。严格要求，温情耐心地爱，别让孩子心里存有什么死结，孩子的身心健康成长不难。

邮件发出去，就没有听到他们的回音。半个月后，再次接到妹妹电话。这次是向我报喜的：上次你给我们提的建议对我们触动很大，这些天，我和从从爸爸都在努力按照你说的那样去做。效果果然不错，孩子现在变得比以前爱说话了。这段时间学习也用心了许多。

那日，为孩子整理旧试卷，一份试卷上的作文忽然让我泪湿眼睫。作文的题目叫《幸福就是在一起》，作文中她这样写：“小时候，爸爸在很远的地方，我一直觉得自己是一个没有爸爸的小孩儿，所以就用任性、固执来让自己变得强大一些。其实，那时，我的内心是很脆弱的，我规规矩矩地坐在教室里，觉得这个世界上任何一个小孩都比我强大……后来，我们终于在一起了，妈妈在家给我们做饭洗衣，爸爸去上班，我去上学。每天放学回来，爸爸会敞开他温暖的怀抱给我一个结结实实的拥抱，妈妈站在一边会心地微笑。晚饭后，一家三口拉着手，走在夕阳西下的校园小路上，散步、聊天，路人都朝我们投来羡慕的目光。夜晚的灯下，爸爸在备课，我在学习，妈妈读书或者写稿子。那时候，我觉得自己是这个世界上最幸福的小孩。对于我们小孩子来说，幸福就这么简单啊，与爸爸妈妈在一起，就是幸福。”

也许，因为这个小孩曾经走过冰冷和孤独，才会如此深切地悟得幸福的真谛吧。

在一起，对于这个世界上大多数的家庭来说，都不是一件困难的事。可你是否真的给了孩子“在一起”的感觉？某日与女邻居坐在一起聊天，她家女儿和淼淼同龄。她每天很沉默很乖，奔波在家与学校之间，成绩在班上算是中游。那样的成绩让妈妈很是着急——升重点高中有希望，又有些悬。妈妈却不知道如何让她把成绩再提高一些，她连孩子心里在想什么都无法知道。孩子回家，跟他们讲话就固定的三句：

“爸，妈，我回来了。”

“爸，妈，我吃好了。”

“爸，妈，我走了。”

“你们家孩子回来也这样吗?”妈妈苦恼地问我。

“没有。我们那个每天回家第一件事是跟爸爸拥抱，然后再坐下来跟我们讲讲学校里的事。”我说得不夸张，那父女两个的拥抱已经风雨无阻地进行了好些年。

“天啊，我们那个从四岁之后，她爸爸就再没有抱过她了，甚至连摸摸她的脑瓜的动作都没有。现在就更不可能了。”

“所以，孩子有话才不愿意对你们讲。”

幸福就是一家人团团圆圆在一起。可在一起的时候，你是否曾经放下手头正忙着的事，陪着她一起玩过一个对你来说稚嫩又无聊的游戏，你是否陪着她一起走过失意的灰暗时光，你是否同朋友一样与她坐在一起促膝谈心，你又是否在每天紧张的工作之余给孩子一个轻轻的拥抱、一句轻轻的赞美?如果你不曾有这些，那么，你对孩子的爱，就只是高高飘在天际的云彩，化不成温暖孩子的春风与春雨，滋润到她成长的每一个足印里。尝试着把那份爱表达出来，将它落到实处吧，孩子很需要也都很喜欢那样的表达。

第二章

要天使，不要天才——不要失去对中等生的关注

他说话很晚，妈妈曾经以为他智力有障碍，殊不知在他沉默的小脑瓜里活跃着太多大人无法知道的思想；他试卷上成绩总不尽如人意，但他却有着平常孩子所没有的孝心与爱心；他智力平平，却回回能在试卷上看到大红满分的成绩，……人人渴望赞美与欣赏，而他们，这些成绩中等的孩子，尤其需要家长的、老师的，甚至是普通陌生人的赞美。这些孩子不是天才，但若是用心发现，用心欣赏，每一个孩子都是上天赐给我们的天使。

1 天使藏在爱的眼睛里

“尚尚，看这里，叫‘妈——妈——’……”尚尚一岁了，妈妈将他胖胖的小食指按在她的嘴唇上，一字一字教他学发音叫“妈妈”。他愣愣地盯着妈妈，嘴唇动也没动一下。

“尚尚，说‘谢谢爷爷，谢谢奶奶’。”尚尚两岁了，邻居家老人给尚尚送来从老家带来的土产，妈妈教他说谢谢。他只是微笑着看了爷爷奶奶一眼，蠕动了一下嘴唇，就低下头继续玩自己手上的玩具。

“人之初，性本善……”尚尚和与他同龄的邻家小姑娘一起玩，小姑娘边玩边饶有兴致地背诵妈妈教给她的三字经。三岁的小姑娘，竟然能一口气背下好长的一串了。尚尚好奇地盯着她的嘴巴，小脸儿急得通红，却发不出一个完整的音节。

“你说尚尚是不是智力有问题，为什么连最简单的说话都学不会?”这样的念头一旦在脑海里闪现，日子便失去了所有的颜色。再回头看那个小人儿，怎么看怎么觉得心酸。三岁多，说话再迟也应该会说一些简单的词句了。尚尚的语言中枢似乎还在沉睡。

第一天送尚尚进幼儿园，妈妈下午去接他时就被幼儿园的阿姨堵在门口问话：“你们家宝宝是不是有什么问题啊，来园一整天，也不跟孩子们交流说话，老一个人在一边儿发呆呢。”妈妈原以为，把他送到同龄人中间，他的语言表达能力就会慢慢好起来，老师的话却给妈妈当头泼了一盆冷水。

“我们不能再这样子等下去，这孩子一定是哪里出了问题。”妈妈决定带尚尚去看医生。然而，医生的一席话几乎把妈妈打进绝望的谷底：“从你们目前所描述的情况看，我怀疑这孩子有自闭症的倾向，建议你们到专业医院去看一下……”

自闭症，一辈子把自己锁在那个孤独冰冷的世界里……一想到尚尚将要面对的那种生活，妈妈的心都要疼碎了。

尚尚是我表妹家的孩子，表妹给我打电话来，让我帮忙在我们这个城市打听一下有没有专治儿童自闭症的医院：“这可怎么办啊……”

电话里，她急得直掉眼泪。

我却满腹疑虑。因为两家隔得远，那孩子我见得也少，也不敢妄加定夺。

“天啊，多能干多聪明的孩子啊，他居然把所有的东西都分了类，可见他的观察力有多么敏锐，他又是多么爱思考的一个孩子，你们竟然说他智力有问题，还说他有什么自闭症！”放下表妹的电话，我急匆匆从另一个城市飞过去的时候，尚尚刚好在摆弄他一地的瓶瓶罐罐。有牙膏盒，有鞋油盒，有妈妈的化妆品空瓶子，他在摆弄那些玩。鞋油盒排一队，牙膏盒排一队，妈妈的化妆品瓶子排一队。那些瓶瓶罐罐在按从大到小的顺序从前往后排下来。对着那一堆东西，尚尚玩得不亦乐乎。

面对我的一通夸赞，尚尚第一次在陌生人面前开心地咧开嘴笑了。那天的他，表现比平时活跃了许多。

“每一个孩子都是一个可爱的天使，都有他的优点和长处，关键看家长有没有一双善于发现的眼睛。”我那天临走时这样对表妹说，我觉得那孩子没有一点儿问题。

此后，我们常在电话里沟通，关注那个孩子。

爸爸妈妈不再紧紧盯着孩子说话迟这一件事不放，而是试着将目光看得更宽更远。有了一双发现的眼睛，他们真的慢慢发现尚尚身上很多与众不同的地方。他不爱说话，观察力却特别好，走在大街上，广告牌上的大字他看一遍竟然就记住了；他不爱跟人打招呼，心地却特别柔软善良，走在草地上，见着一只小蚂蚁他也要绕道走过；他读小学了，虽然还不是那样伶牙俐齿，与人正常的交流与沟通已经不成问题；他酷爱天文与数学，小学毕业时竟然自己做了一个简易的天文望远镜……

有了那些发现，爸爸妈妈也把越来越多的鼓励与赞赏送给了他，而那些鼓励与赞赏带给孩子的，则是越来越满的自信："妈妈，我是多么聪明的小孩儿啊，你当时竟然怀疑我的智力有问题。我没有说话，是因为我在思考。"

今天，十二岁的他，已经读初中。我们常在网上交流一下。孩子学习成绩很棒，各科发展很平衡，也很有思想见地，有清晰的理想追求。

他听我们絮叨着过往的那些事，始终有点不相信故事里的小孩儿就是他自己。

是的，有时候，我们也觉得不太相信。小时候的他，可真像一只沉默的小南瓜。

每一个孩子都是上天派来的天使，只是有些小天使比较乖巧，能让人于尘世里一眼就能发现，有些小天使比较含蓄，要那些满含了赏识与爱的眼睛细细搜寻才能发现。为人父母，要有一双敏锐的眼睛，不放过孩子身上任何一点微小的闪光之处，对之加以鼓励赞美，加以正确的引导。没有教育不好的孩子！

2 那个让人喜欢的小男人

1

妈妈是铁嘴钢牙，气头上什么都敢往外说，爸爸说不过她，但不能被她那些连风夹雨的话给憋死啊。情急之下，常常就管不住自己，朝她挥巴掌。

孩子的奶奶住隔壁，每每被他们的吵闹声惊扰了，急忙跑过来。劝妈妈，打爸爸，气得抹眼泪。

后来有了他。

那天夜里，他们又因为某件事说不合拢吵起来，沿袭以往的路子，先小声再大声，再是怒火相向，爸爸扬手就欲朝妈妈挥。他就是那个节骨眼儿上从被窝里爬起来的，赤条条的，眼睛还没睁开，站在爸爸和妈妈中间，一手叉腰，一手去制止爸爸扬起的胳膊，爸爸没听他的，他“哇”一下就哭了，转身就往床下跳。

爸爸和妈妈都愣住了，急火火去抱他，他已经光着小脚站在冰凉的地板上了。

“儿子，你这是干什么?”忘记吵架，只顾心疼他了。

“你们打架……我害怕……我……我去找奶奶……来救妈妈……”他一边抽搭一边挣扎着要往外跑。

“臭儿子，我们没吵架，我跟你妈妈闹着玩儿的。是吧，孩子他妈?”爸爸的怒气全消，回头向那个虎着脸的人说。

“是啊是啊，爸爸没打我，我们开玩笑呢。”

他一听，破涕为笑，顺从地钻进被子里，一会儿就睡着了。迷迷糊糊中，他轻轻对爸爸说：“爸爸，君子动口不动手。”

爸爸的脸“腾”一下烧到了耳朵根儿。

那一年，他还不到四岁。

2

那个冬天，于那个家来说真是个严冬，雪上加霜的事，一件赶着一件。

先是爷爷的腰病犯了，躺在床上，不能起不能动。奶奶患重感冒，每天淌着眼泪鼻涕的还要照顾老的小的。更惨的是爸爸和妈妈双双失业。他们以前工作的工厂倒闭，家里的经济来源一下子断掉了。

他已经读小学四年级了。每天早晨由奶奶送去学校，下午再由奶奶接回来。爸爸妈妈在忙着找工作，无心管他，他倒也不让他们操心。

每天天一亮，匆匆扒拉几口饭就到外面去，大街小巷，报纸边角，那些招聘广告都不错过。可一天天过去，合适的工作总是与他们无缘。那天在外面转了整整一上午，看了数家单位，没一家谈成的。心里本就窝着火，天又冷，肚子又饿，爸爸想拉着妈妈去街边小饭馆儿吃点东西再回家，却被妈妈毫不留情地制止了：“连钱都不挣了还吃什么，回家！”

好，回家，家里至少有热乎饭。狼吞虎咽吃过两碗饭，困意上来，眼皮儿直打架。爸爸躺在沙发上想打会儿盹儿，妈妈又来扯：“你困死了啊，工作没找到还有心思在这里睡？”

“找不到工作就不让人吃不让人睡，你还有没有点人性？”隐忍了多时的爸爸最终还是爆发了。他一扬手就把她的胳膊甩到一边去。从沙发上坐起来，眼睛里直冒火。她的眼泪流下来：“两个人都找不到事情做，这个家也不用要了，全都等着喝西北风吧！”

“你急，自己出去找吧！”

“好，我出去，你别后悔！”

妈妈一溜风儿旋出家门，爸爸坐在沙发上气得“呼哧呼哧”喘粗气。

那会儿，他已经吃完中午饭，正在自己的房间里写作业。听到他们的吵声，手上握着笔就从屋子里冲出来："你们又吵?！不是说好了不吵了吗?"

"你别在家待着了，赶紧出去看看她哪去了啊?"奶奶急得来拉爸爸。

"奶奶，你别拉我爸爸，让我妈妈走。我在屋里都听到了，这次就是妈妈不对，爸爸这些天一直在找工作，都累成这样儿了，妈妈不心疼他还逼他……爸爸，你别急，家里钱少了，以后我就不吃肉了……"他走到爸爸面前，握握他的手，又摸摸他的脸。爸爸眼眶儿一热，眼泪差一点就掉下来。

他才十岁，可他已经像个小大人了。

那天下午，妈妈消了气从外面回家，仍然不跟爸爸讲话，直接到他屋里。他那会儿已经写完作业，正捧着一本课外书在看。

"妈妈，不是我说你，以前我见爸爸老冲你发脾气想打你，我就害怕，我觉得爸爸欺负你。可现在，我看到了，不是那么回事。都是你的错。爸爸这些天多累啊，你还气他……你看看，书上都说了，独木难成林，众人拾柴火焰高，越是难走的路，越要手拉手互相帮助才对……"

"臭儿子，开始教训你妈了，看妈妈不挠你……"

"哦，妈妈，妈妈……"

屋里传出母子两个的嬉闹声，家里的空气瞬间活泼了。

3

千辛万苦，爸爸妈妈终于在离家几十里之外的地方新找到一家合适的厂子。路程太远，就在厂里住，周末才回家一次。

给他打电话，他跟爸爸汇报自己的学习：考了两次试，都是优秀；写过一篇作文，老师给打了九十分；上过一次手工课，老师夸他做得好……总之，都是好消息。爸爸不住地在电话里夸他，他却把话锋一转，转到妈妈那里去了："你让妈妈来接电话，我取得的这些成绩都是爷爷奶奶的功劳，他们每天在家里给我做饭洗衣服，还接送我上下学，你让妈妈来叫他们一声。"

爸爸的脑袋"嗡"一下就大了。旧话重提，他又来了。

娶个媳妇儿，十年了，竟然还没叫一声"爸"一声"妈"，爸爸却无力将这个现状扭转。她说她叫不出，她的亲妈早早去世，对"妈"这个称呼，她早已淡漠。

为了这事，爷爷奶奶暗地里伤心落泪过，亲朋好友私下里好劝歹劝过。爸爸也曾为此事跟妈妈无数次地吵，她被逼急了，就说："要实在过不下去就离了吧。"

扪心自问，妈妈除了脾气不好，对孩子的爷爷奶奶不够热情，其他优点也是有的啊。过日子的一把好手，吃苦耐劳，待人接物也算过得去。再说了，有她在，儿子就有妈妈，这就是一个完整的家。爸爸只好再次忍气吞声容忍了她。

他开始在意妈妈对爷爷奶奶的态度是最近几年的事。

"妈妈，你来，管我爷爷叫'爸爸'。"

"妈妈，你管奶奶叫'妈妈'，我听一下，我从来没听你叫过。"

他不管大人下不下得来台，人前人后随时提醒他妈妈。妈妈被他提醒得脸红脖子粗，那一声"爸妈"也就越发叫不出口来。

爷爷奶奶教他不要再说那样的话，说他们已经习惯了，叫不叫无所谓，心里却还是忍不住有些伤心。去送他上学的路上，他一边走一边跟奶奶聊："奶奶，你别生气，别着急，我妈妈这个毛病，我早晚给她改回来。"

"你怎么改？难不成你也像故事里讲的那样，等你长大了，娶个媳妇儿也不叫她妈妈？"

"我是男人，我丢不起那个人。奶奶，我们不能让这样的事情一辈辈延续下去吧？这不是好事儿。我娶媳妇儿之前，一定要多跟她谈几年，看看她是不是孝顺老人。要是不孝顺老人，我就不跟她结婚。你看我爸爸，就是没看好，跟我妈妈匆忙结了婚，又有了我。这倒好，我在中间，左手牵着爸爸的手，右手牵着妈妈的手，他们想离婚都做不到……"他说得一本正经，把奶奶的眼泪都笑出来了。

奶奶说："你妈妈纵是有千错万错，就冲她给我们生下这么好的大孙子，我们都得原谅她。"

4

难得的周末，爸爸妈妈赖在床上想睡个懒觉。

他早早起床了，在卫生间里大喊："那个小王氏，你来啊。"

妈妈在卧室里听到他喊，随口问了句："你喊谁啊？"

"喊的就是你。"

"我是你妈妈，你叫我小王氏啊。"

"嗯，我爷爷是老王，我爸爸是小王，你就是小王氏啊。不都这么喊的吗？"

妈妈的脸略一红，还是急急忙忙披衣下床。

"妈妈，你给我擦擦屁股。"

"你都多大了啊，还让妈妈给你擦屁股？"说着，还是扯了手纸弯下腰去帮他擦。

"行了，你走吧。我不是真让你给我擦，你给我擦我还不习惯呢。我是想让你知道，我很小的时候都是爷爷奶奶帮我擦的。"小子，在这里等着他妈妈呢。

奶奶正在厨房里做饭，他跑进去把奶奶扯出来了："奶奶，我天天吃你做的饭，吃烦了。你出来一下，让我妈妈去做。"

妈妈无奈，只好系了围裙进厨房。

"妈妈，你给我做一道红烧肉，肉上不能带一点肥的。多放点花生油，不然做出来就不香。豆酱不能放得太多也不能放得太少，咸了淡了都不好吃……"他坐在客厅的沙发上，眼睛盯着电视上的动画片，嘴里在遥控指挥厨房里的妈妈。

妈妈顺从地答应着，在厨房里手忙脚乱地忙活着。结婚这些年，基本上都是奶奶在给他们烧饭，她下厨的时候很少。

忙活了大半天，他要吃的菜终于都端上了桌。他拿起筷子，夹一块肉放到爷爷嘴里，再夹一块放到奶奶嘴里，接下来是爸爸，再是妈妈，最后是他自己。

"嗯，做得还行。不过，比奶奶的手艺还差一大截呢，好好学吧。"

爸爸和妈妈都有点不好意思。爷爷奶奶的脸上却笑开了花："好大孙子，没让我们白疼。"

真的，他的一举一动越来越让大人们欣慰，也越来越让爸爸妈妈觉出自己的渺小来。

爷爷腰疼躺在床上不能下地，他怕爷爷渴着，给他把杯子放在床头，用一根软胶管子扯到枕头边上："爷爷，你渴了就用吸管喝水。"尽管那个发明不甚成功，爷爷吸了一口之后，忘记把管子抬高，一杯子水全被枕头喝了，心里却是甜的。

奶奶感冒咳嗽，他在自己屋里写作业，听到屋外奶奶剧烈的咳嗽声，“嗖”一下就跑出来了，拿痰盂给奶奶接着，一边还轻轻给奶奶拍打后背：“我们老师说了，人老了需要小的好好照顾……”

他越来越像个男人样儿了，洗澡换衣服都不让妈妈在跟前。周末，一家人到外面去泡澡，他分得很清：“爷爷，爸爸，我，我们三个男人一起；奶奶和妈妈，你们女人一起。”

“你们啊，养了个好儿子。我儿子要有你儿子一半懂事，我们就知足了。”闲聊时，奶奶常常这样感慨。爸爸嘿嘿笑，无言以对。是的，这个小男人，在很多时候，比爸爸都更像一个大男人。

男孩儿的爸爸跟我讲自己的儿子时，几次笑出声，又几次湿了眼圈儿。我也是。我被那个自称是男子汉的小男人深深地感动，也深深地喜欢上了这个叫文文的男孩儿。文文的成绩在班上也是中等，可那一点也不影响老师家长同学们甚至是小区里的爷爷奶奶们喜欢。而我也坚信不疑地认为，照着这样的路走下去，无论将来这个孩子做什么，他都将是一个健康快乐又值得信任尊重的人。

3 要天使不要天才

轩轩是班上最小的孩子，刚过完五周岁生日，就被大人送去读一年级。

在学校门口，他恋恋不舍地同妈妈挥手告别，小小的身影，被大大的书包遮挡着，很快就没入人群里，看不见了。

妈妈的眼角忽然就有点潮，觉得自己有点残忍。他的书包里，除了大大小小的新书外，还有一个他最喜欢的奥特曼玩具，是姑姑上次回家带给他的，他所有的奥特曼玩具里最特别的一个。它生着一对小小的翅膀，像一个小小的天使。

轩轩对它的宠爱超过了其他所有的玩具。吃饭的时候，他把它摆在桌子边上；睡觉的时候，把它放在枕头旁边；就连上学，也随身悄悄地带着它。

可是有一天，它却不见了。放学回家，轩轩闷闷不乐，饭都不想吃的样子。妈妈摸他的头，以为他发烧了，他的眼泪就吧嗒吧嗒地掉下来：“妈妈，我的奥特曼没有了……”他哭，妈妈不认为有什么稀奇，他那样子哭，却让妈妈心酸了。以往在家里，丢了他最爱的玩具，他一定要扯开喉咙大哭一回，可那一次，他只掉眼泪，一滴又一滴，落在他面前的小碗里。“我在学校里把它弄丢了，它不见了……”妈妈详细地问着他那天的行踪，问他会不会是同学喜欢，拿去玩了。他一听这些，忽然就止住了哭，小脸儿红红的，他大声对妈妈讲："妈妈，不许你这么说我同学，他们谁也不会拿，是我自己把它弄丢了。"

此后，他竟然闭口不再提那个奥特曼的事。只是，他的书包里，也从此没有再带其他玩具了。

再次见到那个丢失的奥特曼，是一个多月以后。那天放学后，轩轩很兴奋地从校园里跑出来，手里高高地扬着那个小小的奥特曼："妈妈，你看，我的奥特曼，它又飞回来了。"妈妈把那个会飞的奥特曼拿在手上，才发现，它已面目全非，浑身脏兮兮的不说，翅膀上还有了刮痕。"你怎么又找到它的?"不管怎么样，它回来了，孩子高兴了就好。

"是我同桌扬扬给我的，他说奥特曼也出门去旅游了，现在它又飞回来了，飞到了他的桌子上，他帮我捡到的。妈妈，我真想看看它是怎么飞回来的。"他的小嘴巴叽叽喳喳兴奋得合不拢。

妈妈却陷入了沉思。她不知道，要不要教他识破那个谎言，要不要告诉他，那个奥特曼，它其实可能到了哪里。那个比他大两岁，整整高出他一头的男孩子，随便的一个谎话，就把这个五岁的男孩子哄住了。

最终还是没有把那一句吐出口，因为妈妈看到了孩子眼里快乐向往的笑，他还在为没有亲眼看到自己的奥特曼飞回来而遗憾着，也在为同桌为他捡回它来而高兴着感激着。就让那个美丽的童话，永久地在他小小的心里停住吧，也让他不染纤尘的心，生一对轻快的羽翼，飞得越来越高远。

参加朋友的婚宴，妈妈带着轩轩一起去。

看新娘，抢气球，吃美食，满桌子的孩子，个个兴奋得小脸通红。唯轩轩，眼睛眨巴眨巴，很少言语，似有淡淡心事。婚宴结束，妈妈拉着他的小手出门，走到离酒店不远处的一个小火烧摊儿，他忽然挣脱妈妈的手，飞快地跑过去。

回来时，手上捧着两个热气腾腾的肉火烧："妈妈，这是我用你给我的零用钱买的，回去给爸爸吃。我们两个都来吃喜酒了，就爸爸没吃上。"

他说得很自然，妈妈的心却软软地疼了一下。

"宝贝儿，你真棒，妈妈爱你!"低下头，轻轻地在他的额头上吻了一下。他不好意思地昂起头冲妈妈咧嘴笑。

家里来了小表弟，两岁多，满地跑，满屋子乱翻乱找。轩轩的彩笔被他翻找出来，一支支拧开在纸上画道道，画完了，又把轩轩床底下的玩具箱子拉出来，小汽车、小火车，摆了满满一地。轩轩终于生气了，“蹬蹬蹬”跑回自己的屋，“当”一下把门关上，任小表弟怎么去拍门叫哥哥出来跟他玩，他也不出来。

小表弟走了，他从屋子里冲出来，直着脖子冲妈妈叫：“以后你别让姑姑再带着小弟弟到家里来，让姑姑也别来了，我烦死了！”

“姑姑平日里多疼你娇你，这会儿弟弟这点顽皮你就不能容忍，你小的时候比他还皮呢，我们从来不嫌烦……”说完，妈妈扭头进了自己的房间，不理他。

轩轩不吱声了。屋子里瞬间安静异常。

“嗖”一只小小的纸团忽然从门外飞进来，正落在妈妈的脚底下。拾起来，轻轻展开，是轩轩写的，歪歪扭扭的一行小字：对不起，我错了，妈妈，你笑一个，我就去写作业。

妈妈抬起头，冲门外的他轻轻一笑。

他朝妈妈吐下舌头，一闪身进了自己的卧室。

……

这个叫轩轩的小男孩儿，住我家对面。他成长路上的那些糗事，总是很快就能传到我这里。这个男孩，不天才不早慧，上学后成绩时好时坏，最好的时候也就在班里中偏上；到目前为止也没表现出某种特别的艺术天赋来，脾气有时还有点臭。可这个浑身小缺点的小孩儿，却一样让我们大家爱得不行，他不是天才，但他的身上却拥有着天使的善良、纯洁与可爱。这一些，远比一个天才身上所表现出来的才气与智慧更为珍贵。其实，多少我们身边的孩子，都如轩轩一样，是这样一个让人爱恋的天使。

4 长发逆风飞扬

男孩聪明，却调皮得可怕。上课不注意听讲，把毛毛虫用头发丝缠到小女生的麻花辫儿上，吓得女生哇哇大哭；下课第一个跑出教室，“噌”一下就跳到学校走廊里那盆三角梅大花盆上，花盆上原本就有一条细细的缝隙了，经他那么一跳，很清脆地就裂成两半。老师怒气冲冲地将电话打给男孩的家长。妈妈在电话里一个劲儿跟老师赔不是。第二天，派男孩的爸爸去花市买一盆新的送到学校去……

回家，打过、骂过、哄过、劝过，无奈那是一个软硬不吃的主儿。这边答应得脆响，一转身，那一身的猴子性就出来了。

整个小学阶段，因为在学校里频频惹事，妈妈都变得有些神经质了，一接到学校老师的电话，脑袋就“嗡”一下大了。树大自直，男孩的妈妈只能盼他进入中学后会好一些。可事与愿违，读中学之后的男孩不但没有收敛，倒更加让妈妈无法控制。读初中二年级时，男孩的成绩在班里连小学时的中偏上也算不上了。他迷上了画画。

周末，很多孩子规规矩矩趴在家里温习功课时，他已经骑上自行车跟着他的大朋友跑到很远的郊外去了。带着干粮，带着水，不到日落不会回家。

在妈妈的眼里，那位男孩崇拜至极的大哥是一个不务正业的家伙。穿花花绿绿的衣服，脑袋后面扎小辫子，戴副小眼镜儿，天天扮酷。他是他们的邻居，学美术专业，大学毕业后自己搞了一间美术工作室。男孩不知怎么就崇拜上了他，每个周末都要做那位大哥的小跟班儿，乐此不疲。更让妈妈伤脑筋的是，以前一直半月去理一次发的男孩开始拒绝再去理发店，一个月、四十天，男孩的头发长得也快要扎起小辫子了，他还是不去理。

他的个子已经比妈妈还高，妈妈拿着剪刀欲强行给他剪了去，他一双有力的手就把妈妈的手死死钳住；妈妈苦口婆心教育他，他总是多过妈妈几倍的理由来反驳：谁规定头发长了就不是正经男孩，我偏留！你老土，懂不懂什么叫美？

妈妈是一位读过理工科大学的会计师，她一直希望儿子将来能掌握一门实实在在的技术，过一份踏踏实实的日子。什么文学家、画家，在妈妈的眼里，都是虚不可及的东西。孩子有一点爱好可以，但若以此为职业，妈妈觉得太不踏实。

为了拉回男孩的心，妈妈想过很多办法。藏起儿子的画夹和颜料，不再让他去找那位大哥哥，甚至私下里去找人家谈话……没用，男孩已经陷得很深了。

初二开学之后的第一次单元考试，教室里很安静，老师坐在讲台上，拿一本书在看，周围的同学“唰唰”像蚕食桑叶一样在写试卷。男孩坐在座位上，百无聊赖。试卷上的题目也许认得他，他却是万万认不得它们。画画吧。拿一支2B铅笔，在演算纸上涂涂抹抹，画的是台上坐着的那位小老头儿，厚厚的瓶底儿一样的小眼镜滑到鼻子尖上，背微驼，脖子微伸，他正借着门口更充足的光线在研究着手上的一本参考书……

对，就这样……男孩抬头看几眼再低头画几笔，画得太过专注，那位老师什么时候走到男孩面前的他竟然一点儿也不知道。只等老师悄无声息地走到他旁边伸手将那张快画完的人物素描轻轻扯走时，男孩才如梦方醒……

男孩昂着头，一脸无所谓地看着老师。接下来，挨一通批总是少不了的。

事情的发展却大大出乎男孩的意料，那位给他当模特儿的老头儿没生气也没出声儿，只微笑着弯下腰，俯在男孩的耳朵边上悄声对他说：“很荣幸您能选中我做您的模特儿，现在先写试卷吧，会多少就写多少。”

说完那些，拿着那张素描转身走开了，就像什么也没有发生。

男孩怔怔地坐在位子上，半天没反应过来。那时，那位老师刚调到那所学校。男孩听别人说起他时，都说他是一块“老姜”，果真如此。

下课后，男孩跟着老师去办公室，一路上心里七上八下：当着老师们的面狠狠骂吗？还是让他去办公室面壁？还是到操场上罚跑？这些他在前任老师那里都领教过了，倒也没什么。等到他跟着那位老师赶到办公室，又一件让男孩惊奇的事情发生了：老师没批他，也没罚他，而是微笑着搬了一把椅子让男孩坐下来。

“谢谢你给我画的这幅素描画儿，画得真的相当棒。有空时，能不能再帮我画一张？”

男孩这次红了脸，不好意思地笑笑。

“我年轻时也很喜欢画画的，可惜那时候家里太穷，根本买不起颜料和画纸，就只好告别了自己的画家梦啦。今天看到你，又让我想起自己的昨天。好好珍惜你的这份才华，将来一定大有作为。你很聪明，如果把心思用好了，你的前途将无可限量。但老师也想提醒你一下，人生就像建楼盖房子，不管你将来要把它盖成什么样子，地基都是要打好的。所以你还是要尽力去学好现在的功课。把你画画的热情拿出来分给功课一些，相信你其他的功课一样会学得很棒……”

那天的谈话在很愉快的氛围中结束。男孩要走出办公室时，听到老师在他身后大声说：“嗨，你的发型很棒，如果再稍剪短一些的话，我相信会更棒！”

男孩的脸上烧得更厉害，转身逃掉。

一位老师，一句话，有时可能会影响到一个学生一辈子。那个酷爱画画，却又万分排斥文化课的男孩，自此像换了一个人。他自动把长头发去理发店剪掉了，开始从最基本的东西着手，慢慢填充自己学习上的空白。

男孩是我初中时的同桌，那位老师曾是我们初中时的一位数学老师。当年男孩为老师画素描画像的那一幕，我曾是最近的见证者。

如今，那位老师早已退休，当年那位曾让老师伤透脑筋的调皮孩子，现在则是一所中学里很出色的美术老师。他给孩子们上课，方式很活，课堂所授内容也很广泛。他不仅仅教他们临摹画画，他更教孩子们如何去发现美、感受美，教给他们为人处世的道理。

“作为一名曾经的中等生甚至差等生，我在现在的教学中尤其注意对这一部分孩子的教育与引导。这些孩子，有的天性顽劣却极聪明，有的智力平平却老实肯干，作为一名老师，最大的责任就是竭力发掘他们身上的优长所在，给他们相应的鼓励与赞美，让他们品尝到学习的甜头，体会到成功的喜悦，以后的教育就事半功倍了。在这一点上，咱们当年的赵老师就做得很好，要不是他，也就没有我的今天。”谈到当年给老师画像的糗事，我们还忍不住哈哈大笑，但谈到我们的赵老师时，他则一脸的尊敬与凝重。

5 迟到的玫瑰花

朋友是一名从教多年有着丰富教育经验的语文老师，也从事了多年的班主任工作。她曾创下全班五十名学生全部被重点一本、二本大学录取的神话。在她多年的教育工作中，她曾遇到过形形色色、性格各异的学生，却从来没有哪一个像那个男孩子那样让她耗费心力。下面这个故事正是发生在朋友与她的那名学生身上的。

高三上学期了，孩子们都在紧锣密鼓地准备应付越逼越近的高考，那位叫楠的男生却突然迷上了上网。晚上去网吧，熬到很晚，白天上课打瞌睡。男生原来还在班上处于中等的成绩一下子跌到后面去。各科任课老师纷纷找我告状。

其实，不用那些老师说，我也已经注意到这种情况。

我去找男生谈话，大道理自然讲了一大箩筐。男生当面答应得很好，一转眼又不知钻到哪个网吧里去了。不得已，我只好打电话找来男生的家长，可等我看到男生的妈妈时，就把一腔的怒火又悄悄压回去了。那是一位来自乡下的母亲，矮小瘦弱，风一吹就要倒的样子。那位母亲并不知情，她一直以为孩子在那所学校里表现很乖，只一个劲儿地叹息自家的条件太差了，苦了孩子了。男生的父亲早逝，母亲带着他到这个城市，靠街边一个小小的食品摊儿供他读书。

母亲每半个月来看他一次，给他留一些生活费。

“是不是这段时间学校里订复习资料特别多，楠楠的钱总是不够花……”楠的母亲从口袋里拿出两百元钱，让我交给楠，说楠在上自习，她就不去打扰他了。接过那位母亲递给我的那两张皱巴巴的票子，我的心里忽然很不是滋味儿。那上面粘着那位母亲多少汗水啊。

那天我没有把楠逃学上网的事告诉给他的母亲。可我却不想楠在那条路上越滑越远。

那天是晚自习，我去教室，扫一眼楠的座位，空的。我就知道他一定又上网吧里去了。他去上网，我就去找他回来。那个城市里的大小网吧不知有多少家，我从离学校最近的街道开始找，没走两家，竟然找到了。楠正在网上打游戏打得火热。看到我突然出现在网吧门口，楠被吓了一跳，他慌忙从电脑前站起来。

那天，在回学校的路上，我没批评他，只淡淡地告诉他，他的母亲来过，还给他带来了两百元钱。楠从我的手上接过那两百元钱时，手轻轻地抖了一下。

楠安静了几天，几天之后，他又莫名失踪了。

我去熟悉的网吧找他，不在。他怕我找，又挪到离学校更远的网吧里去了。我一样找到了他。

“跟我回去。”网吧里，我将他从电脑前拉起来。他低着头，跟着我往外走，脸涨得通红，却什么也没说。

我从来没见过那么拒不接受教育的孩子，反反复复中，我已经从网吧里将楠拉回来五次了。第六次在一家更远的网吧里找到他时，他的态度已不再似以前那么友好。他对我说：“老师，你就别再管我了，我自己都管不了自己了！再说了，班上那么多的优秀学生，你不差我一个来给你争那一星半点儿的荣誉。”说这些时，楠高高地昂着头，俯视我。他已经比我高出近一头了。

“是的，班上的优秀学生有很多，可你知道吗，楠，无论有多少孩子，在我的心里，你们都是一个个独立的个体，我要对你们每一个负责，我不想让你们任何一个掉队，我不能放弃你！”那一次，我流了眼泪。我从教那么多年，从来没有像那一刻那么脆弱无助。作为一名老师，我眼睁睁地看着我的学生在危险的道路上越滑越远却无能为力。

楠被我的泪水给吓到了，他不再说什么，乖乖地跟我回学校。

此后，他没再去上网。

高三课程繁琐，难度大增。又加上楠前面耽误的那些课，学习对他来说尤其费劲。我跟每一位任课老师都打过招呼，让他们尽力多帮助楠。楠沉默了，每天默默穿梭在教室与宿舍之间。看得出，他是真的用功了。

高考结束，成绩出来了。楠的分数上了二本线。

看到自己考试成绩的那天，我接到楠打给我的电话："老师，你在家里等我，我一会儿到你家里去。"那是楠第一次给我打电话，电话里，听得出他声音里那份压抑不住的激动。我也高兴，赶紧打电话将事先约好的一个同学聚会取消了，我在家里等楠。

那天上午十点多，楠敲开了我家的房门。

拉开门，我一下子怔住了。楠抱着一大束粉红色的玫瑰花站在门外。理得很精神的小平头，洗得干干净净的校服，或许走得太急了，他的脸有些红，额上冒出细细的汗来。

"对不起，老师，我来晚了。我去理完发，又去花店，路上耽误了时间……请您接受我迟到的感谢，还有道歉。谢谢您的不放弃，要不是您，就没有我的今天。也对我自己曾经的不懂事跟您说一声'对不起'……"楠一改往日桀骜不驯的模样，变得彬彬有礼。

接过他递上来的玫瑰，那一束淡粉色还点缀着晶莹的露水珠的玫瑰。我心里霎时百感交集，眼泪夺眶而出。

楠说其实从我第一次出现在网吧里，他心里就受到很深的震动，他也曾下决心戒掉网瘾坐下来好好学习。可没过两天，他又坐不住。如此三番五次，他对自己绝望了。

"可是那天，您在网吧门外，对我说的那一番话让我再也无法继续堕落下去。我曾经跟一起玩游戏的朋友们聊起过，他们说，他们陷得太深，家人已经基本将他们放弃了……您只是我的老师，您班上有太多优秀的孩子。可您说，您一个都不放弃……"楠说到这里，眼圈儿红了。

朋友的故事讲完，她的眼圈儿也红了。

作为那所学校的一名高级教师，作为一名成绩斐然的班主任，朋友曾经多次被别的学校请去作报告，向他们介绍自己的教育管理经验。无论在哪里作报告，朋友说，有一句话她是一定要对台下的同行们讲的：你对学生们的爱有多少，你的耐心就会有多少。我跟学生打交道，也没什么特别的良方好药，唯有爱与耐心而已。

6 一封远方的来信

去校传达室拿样刊，厚厚的一摞样刊里头，忽然看到那封来自北方某大学的信。龙飞凤舞的字体，是我完全陌生的笔迹。再飞快地在大脑里搜寻有关那所大学的人，想半天，没想起来。

回家，迫不及待地拆开那封信读下去，我的眼眶忽然莫名地湿润。原来是他，一个只做过我一个月学生的男生。还记着他怯怯地坐在屋子角落的样子，羞涩、胆小、不安，却实在是记不起他的名字来了。难为他在进入大学之后却还能记着我——一位只给他当过一个月老师的人。

事情要回到十年前的暑假。那一年，我刚刚从老家辞掉工作到部队。没有工作，住在那个部队家属大院里。那年，淼淼刚刚开始读小学，为了便于帮她学习功课，我在房间客厅里挂上了一块不大不小的黑板，教她学生字，教她在上面演算，也教她在上面学英语。暑假近两个月，时间漫长，为了让孩子生活学习得更加快乐，我帮淼淼制订了一份课程表，每堂课四十分钟，上课时间，虽然屋里只有一个老师一个学生，课堂纪律还是蛮严明。那时，满家属区的孩子们都在院子里疯跑，听说淼淼一个人坐在家里上课，都跑来看稀奇，就把家长们也引来了。

“一个学生也是教，十个学生也是教。干脆，你把这些孩子都收起来当学生吧。给孩子们补补英语课。”

“是啊，把孩子送到外面的补习班也不方便，天又这么热。”

“你就当个孩子王陪孩子过这个暑假嘛。我们做家长的自然也不能让你白付出劳动。”

……

不知怎么就被说动了，也不管有无教学资质，把屋里一收拾，那帮孩子就涌到家里来。大大小小，一共十个，英语水平倒是差不多。他们恭恭敬敬地喊我老师，我也就理直气壮地做起他们的老师。

之前，一直面对淼淼这一个学生，她有什么喜好有什么习惯我差不多都了如指掌，再加上她从小就培养起来的不错的学习能力，教她一个人，自然不费什么力气。孩子一多，情况完全不一样。有调皮上课总也坐不住的，有口齿不清无论如何也发不好音的，当然，也有很能干，我教几遍就能接受的。

那个男生是那十个孩子中教起来最费力的一个。他老家在四川，那个暑假才从老家转到部队上来。在老家的乡村小学，从来没有接触过英语，再加上浓重的地方口音，每次我让他起来读单词或者进行对话，他都憋得满脸通红，满头的汗。头一天布置下的任务，第二天早上检查，他作业本儿上的拼写错误最多。看到他那样的情形，说实在话，我心里真是着急。一样的讲授方式，一样的上课时间，有些孩子那么轻松就掌握了，他却需要我一遍又一遍地重复来教。那个孩子却有一个最大的优点，就是脾气好。无论同学们在一边怎么向他哄笑，无论我要求他怎么做怎么学，他都乖乖地点头答应，之后，回去认真反复地做。那一点，倒真的让我感动。发现他这个特点之后，我在课堂上也总是在有意无意中表扬他这一点，让别的孩子多向他学习他这种坚韧不拔与虚心好学的精神。那些赞美与表扬，在当时的我来看，并没有觉得有什么，不过课上随口一说的事。

一个月的课程，也学不了太多的东西，但孩子们在那里都很快乐。一个月结束，孩子们跑来问我还要不要考试，我告诉他们不需要，但老师会根据他们平时的表现给他们颁发奖品，表现好的孩子都有奖。孩子们一听就乐了，都跑回座位上眼巴巴地盼着，看是否有自己的奖品，看老师给他们的评语是什么。

那批奖品，是我特意到文具批发城买回来的。一共十本硬壳日记本，每一本日记本上都有一段写给孩子的话。奖品不在多少，在于那份心意吧。那一个月与孩子们相处的时光，让我更深地理解了教师这一行业的苦乐参半，也更近地走近孩子的内心。

评语是头天写好的，前面九位孩子的评语不难写，佳的聪明能干，桐的流利的发音，静的活泼大方……写下那位男生的名字时，我突然停住了笔。一个月时间过去，他的状况并没有出现太大的改观，还是那么胆小羞涩，发音还是那么不准，书法拼写还是一团糟……我竭力想在脑中搜索一些适合他的赞美词，半天过去仍旧迟迟无法落笔。但我知道那一段话，对他来说也许会比别的孩子更加重要。他的妈妈曾经私下里对我说，男孩刚从乡下搬来，课程跟不上，脑子又比较笨，学好学歹都没关系，只要哄他不闹就行了。

“每次在课上看到角落里的你，那么安静认真地听老师讲课，老师都很感动。你是一个谦虚好学的孩子，虽然目前的成绩还不那么尽如人意，但老师相信，凭着你的这份勤奋好学，日后的你，前途一定会灿烂明媚。勇敢地抬起头来，对自己说：我行！你同他们一样，是我的骄傲！我会一直记着你！”不长的一段话，我反反复复在心里掂量好久才敢下笔。

我在黑板前面念着每一个同学的名字，让他们到前面来领奖时，我看到他红着脸低下了头。他一定以为那一小摞笔记本儿里头没有他的。我没有把他的名字放在最后，也没有特意对他多说什么。他是第五个被念到名字的孩子。那一刹那，他似乎有些不相信自己的耳朵，抬起头不安地看着我。

“就是你啊，快来拿吧。”

那个暑假过去，我没有再见到过他。我和他，一个月的师生情缘就那么结束。此后，一晃十年，生活像一条流动不止的河流，把我生命中的很多人与事都轻轻带走了。如果不是他写来的这封信，我可能这辈子都不会再想起他。

“老师，我是从老部队上打听到您现在的地址的，才知道您原来已经不在武汉，搬到桂林去了。给您写这封信，您一定觉得奇怪吧，也许，您已经忘记了我是谁……您不知道，当年您发给我的那一本硬壳日记本，您写给我的那一段话，我回家之后看了又看，翻了又翻，激动得几乎彻夜未眠。我是一个笨孩子，我自己知道的，爸爸妈妈也认了，我在学校里的老师们也那样认可了我。所以，他们不再为我着急，也不再有像您那样的鼓励给我。那时的我，就是生活在墙角的一棵小草，阳光照不到我身上，雨露洒不到我身上。多么幸运，命运竟然让我在那短短的一个月时间里跟您邂逅，您在课堂上对我的鼓励，您写在我日记本上的话，将我眼前的阴霾轻轻挥开……”

展读那封信，看那个男孩子此后一路的拼搏奋斗，我的眼泪慢慢浸出来。为了锻炼自己的胆量，他刻意逼着自己上课多举手发言，哪怕回答错了被人笑话；为了练一口纯正的英语发音，他对着录音磁带、对着镜子一遍又一遍地练习……而那一切的改变竟然缘自我当年写给他的那一段话。

天道酬勤，他终于从那个落落寡合的小男孩成长为一名青春阳光的大学生。

赠人玫瑰，手留余香。我真的没有想到，自己当年不经意送出的几句话会改变一个孩子的一生。我学的不是教育专业，没有继续在教学那条路上走下去。那一个月的授课时光，只是我生命长河中一段小小的插曲，可那位男孩的来信却让我更加坚定了自己的信念：任何时候，面对一个你熟悉或者陌生的人，都不要吝啬你的鼓励与欣赏，因为谁也不知道它们到底有多大的能量。

7 不上重点班，反倒更优秀

学考到女儿那个班的时候，是班上的第五名。全班三十九名学生，学的成绩算是很不错的了。

学很聪明，老师在课堂上讲授的知识，他基本当堂就能掌握。理科成绩尤其棒，数学测验差不多回回满分。老师们也都颇看好这个学生。

可学的良好状态只维持了不到一学期，接下来的日子里，学突然像变了一个孩子，上课不再认真听讲，埋头看桌洞里的课外书；脾气也变得莫名古怪，同学跟他开一个善意的玩笑，都能惹得他大发脾气，对同学大打出手。老师叫他去办公室，苦口婆心地教育他，他只管红着脸低着头，却是一声不吭。那样的状态下，学的成绩也可想而知，由最初的前几名节节后退，到初二上学期，他已退到班上的中偏下水平。

孩子的班主任是一位从教多年的老教师了，可她却从来没有遇上这样一个让她如此为难的学生。她不想放弃他，一次又一次地批评教育，却起不到丝毫的效果。到后来，学与班上几乎所有的孩子都对立起来。没人敢跟他搭讪。学的性格变得越发让人难以捉摸。

那是学校里特别设的一个重点班，学校有一项不成文的规定，每个学期都要进行一次洗牌——成绩末位淘汰制，然后从普通班再选一名成绩优异的孩子填充进来。初二上学期期末，学生们的考试成绩出来了，班主任老师犯了难。从成绩看，学的成绩当然还不至于被排到最后，可从他的表现来看，他真的不适合再呆在那个班，那个环境对他的成长已经很不利。兴许，换一下环境，会好一些。这样想着，班主任就把学叫到了办公室。

学竟然很痛快地答应了老师调他去普通班的要求。

“多么可惜啊，学那么聪明，却离开了我们班。我们都愿意与他在一起的，他为什么会这样排斥大家?”那天放学回家，淼淼满腔惋惜地对我讲。“老师们也都觉得可惜，却是谁也不晓得原因。学的家长从来没有来过学校。”

不知为什么，我也放不下他。一个原本聪明能干的孩子，为何会自愿选择那样一条路?

孩子放学回家，与我谈起学校里的同学，我会有意无意地问一句关于学的消息：“你们现在跟学还经常见面吗?”

“嗯，不过，他好像比以前待人热情了。每次在路上遇上我们，都主动跟我们打招呼。”

“是吗？不在一个班了反倒跟你们亲近了?”

“是啊，以前，他从不跟我们班男生一起出去运动的，现在也跟他们一起在操场上打球。”

又一个学期过去，孩子回来很兴奋地告诉我：“学这次进了年级前十，普通班唯一进入前十的学生。你不知道现在的学，比以前瘦了高了，也阳光了。看来，他在九三班找到他的风水宝地了。”

那天下午，孩子的爸爸从外面回来，跟我讲起同事家新请的一位保姆：听说家是乡下的，五十多岁了，身体也不怎么好，偏偏揽下几份活来……可怜天下父母心啊，一个人供孩子读书……最后，孩子爸爸又想起什么来，问孩子：对了，听说她的儿子以前在你们班上的，叫，叫什么学?

是学？学的妈妈在我们家属院做保姆？没错，正是她。

直到那时，我才对那个叫学的男孩有了一些全面的了解。学的家住在离市区几十里的乡下，父亲身体不好，家庭的重担几乎全压在母亲身上。母亲的身体其实也不太好，靠在城里给人做保姆挣点钱养家。可学的母亲却是一位要强的女人，她不愿意自己的儿子成年以后再像他们一样过得这样苦累，她要他接受好的教育。私立中学，昂贵的学费、生活费是无论如何也交不起的，选择一所普通中学的重点班倒还是可以的。对母亲的决定，学有些不赞成，他觉得凭自己的聪明能干，在什么样的班级里都一样会学好。他不想让母亲每年都多花那一笔钱。母亲不听，执意将他送进了那所中学唯一的一个重点班。

“学也是啊，为什么要采取那样的方式跟家里和学校对抗呢？明明是为了减轻爸爸妈妈的负担，又故意不听话不上进气他们。想不通……”淼淼后来得知学所做的那一切都事出有因时，满脸疑惑。

我倒能理解。年龄相仿的一群孩子，在同一个班，接受着相同的教育，可他与其他孩子的成长环境却完全不同。相较于那些普通班来说，能进那个重点班读书的孩子，家庭条件相对来说都还算是优越的。试想，其他孩子的父母在窗明几净的办公室里处理手头公务时，学的母亲正在那些人的家里埋头替他们整理家务。其他孩子从父母手上接过一笔又一笔的生活费轻松转身离开时，学接过的是沾满母亲的汗味的零碎小票子。孩子毕竟是孩子，他无法抑制心中的那份不平衡与那份浓浓的失落。可他却无力改变那份现状，他能做的唯有以自己伪装的坚硬来保护自己那颗敏感脆弱的心。那份坚硬也让他离曾经的快乐越来越远。而进入普通班的他，这一切的忧虑不再。那些孩子，跟他的生活生长环境相似，他们却远没有他脑子聪明。在那个班集体里，只要他稍一用功，他的成绩就能轻轻松松地跑在前面。老师的欣赏，同学们的羡慕，变成一股新的动力注入到学的生活、学习中去。学整个的精神面貌为之改观也就不难理解。

教育要因人而异、因材施教，我很佩服孩子班主任的果断选择。把学从重点班转入普通班，不是因为他的成绩，而是为了给他寻找一个更适合他的生活、学习环境。重点班的孩子不一定都能成才，普通班的孩子不一定不优秀，给孩子选择一所什么样的学校什么样的班级，其中实在很有学问。但有一点，最起码的，无论是重点还是普通，我们的孩子在那里，要快乐，快乐地与老师同学交往，快乐地读书学习，快乐地做他自己。这很重要。

8 面对孩子，伸哪根手指

在发现那封情书之前，女孩儿已经让她的父母头疼死了：才读初三的女生，逃课，打架，把头发剪得怪里怪气，好端端的衣服，一定把下摆撕得像狗啃过似的，膝盖上的破洞像眼睛。妈妈让她赶紧把那些破衣服扔掉，她情愿再给她买新的。女孩说，老妈你真是OUT，那叫时尚，懂不?

气得妈妈干瞪眼，说不出话。

那样的学生，在任何一所学校里估计都待不下去。所以，初三还没毕业，女孩子已经转了五所中学。转到最后，几乎没有学校肯接收她了。

那一切，都还不至于叫那位妈妈彻底绝望，孩子闹归闹，总还是一个女孩子的闹法。等妈妈无意中发现抽屉里那封信时，整个人就傻掉了。她拿着那封信，哭着去找女孩子，问她怎么回事。女孩子轻描淡写地说："是我写给我老婆的情书啊，有什么好奇怪的。"

妈妈的眼前一黑，双膝一软，就给女孩跪下去："孩子，我求求你，你告诉妈妈，我们还能怎么做?!"

是啊，孩子的成绩不好，没关系，这个世界上成绩不好的孩子多着呢；考不上大学也没关系，没上大学照样混饭且还混得很好的也多着呢；孩子早恋了，也不是什么大问题，早恋在青少年孩子当中也很是正常，正确引导就是了。目前的问题是孩子的心理出了问题了，女孩子不做女孩子的事儿，她竟然恋上一位同性，且给她写出那么一封火热的情书来。

在看到那封非同寻常的情书后，女孩的爸爸也慌了。爸爸放下手头的生意不做，和妈妈专门坐飞机、乘汽车，带孩子到北京寻找心理咨询师，面对那个刀枪不入的女儿，他们是毫无办法了。

心理咨询师的办公室里，妈妈一把鼻涕一把泪地向坐在他们对面的心理咨询师哭诉：这孩子我们是没辙儿了，从小不缺她吃不缺她穿，她说要什么我们从来都不会犹豫一下，可我们把心扒出来给她看给她吃她也不懂，逃课、打架……你看看，她给女同学写的情书，让我们哪里还有脸在这世上活……

十几分钟或者更长的时间里，都是那位妈妈自己在哭诉。旁边，女孩子始终低着头，额上的头发耷拉下来，盖住了她的半边脸。她的脸上，几乎面无表情。真是一副刀枪不入的样子。

“好，这位妈妈，我很理解你的心情，但是你别着急。让我先来看一下孩子写的情书，再来征求一下写情书的这个孩子的意见，你愿意让我看一下吗?”妈妈还想说下去，被心理咨询师打断了。他说他想先看看那封惹祸的情书再作回答。

女孩子没抬头，在嘴里咕嘟一句：“看呗，来都来了。”

那封被揉搓得皱皱巴巴的情书就到了心理咨询师的手上：“亲爱的老婆大人……”

心理咨询师轻声念，女孩开始低着头“吃吃”地笑。

“呵，写得挺好的啊，单从这封信的言辞来看，若不是出自一个女孩子的手，相信这封情书一定会打动很多姑娘的芳心的。那么，我来问你一句，孩子，你真的能像信上自己写的这样子对待你的那个‘老婆’吗，她打你不还手骂你不还口，你愿意为她洗脚捶背一辈子，这一切，你真的愿意为她做?”看完那封信，心理咨询师微笑着问女孩子。

“我有病啊，谁愿意替她做那些。”女孩一咧嘴角，调皮地笑了。

“也就是说，这些信上写的全是假的，你们也就是为了好玩?”

“是啊。我是女孩子啊，我还要找老婆，我有病啊?真搞不懂你们大人，多大点儿事啊，非把我搞这里来……”

“好吧，两位家长朋友，你们听清了吗，孩子只是为了好玩写了这封情书，事情并没有你们想象的那么差。我现在想请两位家长回答我一个问题，请找出你们女儿身上的十个优点来……”

“优点？什么优点？”妈妈沉默了半天，竟然哑口无言。她找不到一个孩子的优点。

“对，我就是他们眼里的坏孩子了。我哪有优点啊。我逃课，打架，我就这样子了……”爸爸妈妈的沉默最终还是激起了女孩子的愤怒，她起身要离开。

好在，那位心理咨询师最后留住了她，她愿意单独跟他谈。而她愿意留下来的唯一理由就是，那位心理咨询师竟然会从她那封写得乱七八糟的情书里读出她编故事的一份才情来，他还当着她父母的面把她表扬了一番。她说，从小到大，她在父母的眼里只有缺点，没有优点。

这是曾经发生在朋友心理咨询处的真实一幕，我那天正好去找朋友，也就有幸目睹了那天咨询的全过程。

女孩子后来到底怎么样了，是否安安分分背起书包重返校园，我不知道。我只知道，那天女孩子从心理咨询处走的时候，脸上终于露出一点难得的笑容来。

一个孩子们之间原本很平常的小把戏，却让那位女孩的家长觉得塌了天。而明明需要他们关注的，他们反倒是忽略了：父母对孩子的赏识，父母与孩子的沟通，于孩子的成长有多重要，在那两位家长的观念中几乎是一片空白。

一个从小生活在父母的挑剔与呵斥里的孩子，即使每天锦衣玉食（女孩子的爸爸经商，他们家条件其实很好的）也不能够快乐地成长。孩子的叛逆，也就情有可原了。

“面对你的孩子，你最常使用的是哪个手指？大拇指还是食指？”很显然，竖大拇指代表着对孩子的赏识，伸食指常常代表着一种指责。赏识中长大的孩子阳光、自信，指责中长大的孩子心理常常会阴暗、扭曲。

面对孩子，为人父母的你，对孩子伸出哪个手指？在与孩子相处的过程中，多向孩子竖起你的大拇指，你会见证它神奇的力量！

9 等在校长门外的男孩

那是一所百年名校，招生条件极为严格，但进了那里的孩子，也就等于被送上了踏向未来成功之路的桥梁。每年中考前后，那所学校校长的门槛儿几乎被前来咨询的家长踩破。有些家长甚至不惜花费重金，想求校长网开一面将孩子招收进去。面对那些家长，校长几乎是一律拒绝，然而，他的门外，来了一位男孩，校长竟然亲自出门将他迎进门去……

七月份的江城，每天都被白花花的太阳炙烤着，成了名副其实的火炉。

那些天，我办公室电话几乎被打爆了，办公室的门槛儿也几乎被前来找我的家长朋友们踩破。可怜天下父母心，我能理解他们的一番苦心，无奈我们每年的招收名额有限，我只好一次次跟那些家长解释，到后来，解释得累了，就闭门不见。

那个男孩坐在我的办公室门外走廊的椅子上，不说话，也不上前，只静静地坐在那里。最开始，忙晕了的我根本没有发现他的存在。可在那连续的一周里，每天上午下午我的上班时间，他都会准时出现在那里，我这才开始留意。

那天上午，手头刚好没多少事，我就走出办公室跟那个男孩打招呼："小同学，你已经连续来了几天了，也不进屋，也不说话，有什么事吗？"

"我是来找您的。可我看到您好忙，所以就耐心坐一边等着，等您不忙的时候我再找您说……”男孩的脸微微红了，鼻尖上沁出细密的汗珠。男孩个子不高，长得有些瘦弱，身上穿着一件蓝白相间的旧校服T恤。许是天太热的原因，他身上的校服已被汗水打花。

我让他进屋。

“说说吧，我现在有空。你来找我什么事？”给孩子递上一杯凉水，我让他在我旁边的长沙发上坐下来。

“校长，我是四中的一名学生，今年参加中考。我很想到你们这所学校来读书，可我今年的中考成绩考得并不是很理想，离你们的录取分数线还差了十几分。但我还是想来试试，给我一个机会，相信我会努力的……”男孩说得很急，生怕一停就没勇气说下去一样。

我倒真的被男孩子的言行给镇住了，来这所学校咨询报名的家长学生，都是成绩高出我们的录取分数线一大截的，就那样，也不一定能录取得进来。这孩子单从成绩上就已经不符合我们的录取条件，且相差得太远了。可他竟然还是来了，还是自己亲自上阵。这倒让人好奇了。

“你自己来的吗？据我观察，来我这里的学生大多是在家长的陪同下。你爸爸妈妈呢？”

“他们要来的，是我不让他们来。我爸爸工作很忙，我妈妈身体不好。这么大热的天，我不想让他们再为我的事而操心受累。我都这么大了，能自己解决的事情就不想再麻烦他们。”

我从教很多年，在校长的岗位上也干了很多年了，那却是我第一次听到一个孩子这样子跟我讲话。心里莫名一热，就跟自己说，这个学生，不管他的成绩如何，我是要定了。

在后来的交谈中，越发肯定了我的那一想法。这是一个好孩子，虽然他的成绩不甚理想，但我一贯坚持的教育理念不就是教孩子先做人再做事吗？

男孩出生在一个普普通通的双职工家庭，家住在离我们学校很远的城东区，从他家到我们学校，他一路要倒三趟车。那么热的七月天，他竟然每天上午下午坚持不懈地挤公交车来找我。这种做法，在他们这个年龄段的孩子身上真的很少见。更让我感动的，当然还是他的那份懂事与孝心。十三四岁的孩子，能如此体贴照顾父母，在与他同龄的孩子当中也很少见。

“孩子，我今天郑重地告诉你，我们学校接收你了。回去收拾一下，开学你就是这个学校里新的一员。”我站起身，伸出手跟男孩子重重地握了握手。也许他觉得那一切来得太顺利太突然了，倒是有些慌乱，站在那里一时不知所措。

“回去跟爸爸妈妈说，我们学校破格录取了你。希望你能在这里度过愉快而有意义的三年!”

“谢谢校长，谢谢老师，我这就回去跟爸爸妈妈说……”孩子的天性这会儿才在他的身上显出来，连一句“再见”也来不及跟我说，男孩就蹦跳着向门外跑去。

事实证明，我的选择没有错。男孩进入我们学校之后，非常刻苦用功，尊敬师长，与同学相处也非常愉快。因为学校里招收上来的学生，成绩都是响当当的，所以，尽管男孩子在平时的学习中非常用功，成绩也就保持在中等那个样子。

高一上学期期末，我在学校的颁奖台上见到他。个子长高了些，略带些腼腆，却是浑身的阳光朝气。我将那个“自强自立奖”的奖杯轻轻交到他手上时，他咧开嘴开心地笑了。

一所百年名校，之所以百年来风雨不动，吸引着天下英才趋之若骛要踏进来，凭的不仅仅是高的升学率。升学率，只是教育中的一面，在我看来，是微小的一面。更多家长愿意把孩子送到那所学校去，他们看重的是那份教育理念、教育氛围。在那里，没有所谓的优等生、中等生、差等生。学校每一个学期期末都要隆重地举行一次全校师生表彰大会，主席台上铺上大红的地毯，每一个孩子，都可能有机会走上那方红地毯。学校的奖项设置很多，简直五花八门。勤学好问奖，团结同学尊敬师长奖，进步奖，孝心奖，自立自强奖……每一个奖项的设置，都包含着学校教育工作者对下一代青少年的拳拳之爱。所以，每一个从这里走出的孩子都是自信的，快乐的，都对未来充满理想。这样的自信与快乐，这样的满怀理想，在我看来，就是教育的最高境界。

10 因为我是他的守护神

羊羊是我同事的儿子，今年已经毕业参加工作。因为出生时早产，孩子的成长道路上有颇多波折，幸运的是，孩子有一位特别有教育经验的爸爸。

看到羊羊第一眼，妈妈满腔喜悦一下子就结成冰。那是个小婴孩儿吗？脑袋硕大，脖子溜细，红彤彤皱巴巴的小脸儿还没大人的拳头大，哭起来哼哼唧唧跟蚊子叫一样，不仔细听都听不到。

妈妈只看他一眼，就将头扭到一边，眼泪顺着眼角淌下来。

羊爸可没有羊妈这么杞人忧天，在羊羊待在恒温育儿箱的那些天里，他就已经开始坐在儿子的边上跟他唠叨话了。又是挤眉又是弄眼，连说带比画，听得羊妈在一边直想睡觉。相信那时的羊羊也是这种感觉。

有好长一段时间，喂羊吃奶就成了最让人头疼的事。吃下去就吐，无法吸收，必要的成长营养缺乏不说，吐奶还是一件相当危险的事情。若看护不周，孩子吐到自己的脸上堵了鼻子还容易引起窒息。为了尽量避免这些，整个哺乳期，羊妈负责喂奶，喂奶之后抱着他又哄又拍的是羊爸。

别看羊羊人小体弱，脾气却一点儿也不小。

“他是小孩儿吗？不是。他是上天派来折腾我们的。”整宿整宿被羊羊的哭闹声吵得无法安睡，羊妈也要崩溃了。

“哎呀，小孩子嘛，就这样啦。干吗跟他生气，咱小时候也这样淘过来的。再说了，他闹肯定有他闹的理由。”羊爸望着怀里正在哭闹不止的儿子，满脸慈爱宽容状，“来，让爸爸为你检查一下，看咱羊羊哪里不舒服。”别说，那一查，还真查出点问题来。羊羊的小嘴里起了好几个溃疡，尽管很小，但想想也够疼，难怪他那么不停歇地哭。

为了给羊羊当好爸爸，那段时间里，羊爸成了标准的育儿通。家里成堆的育儿书就不必说了，见着跟羊差不多大的孩子他就想逗一下，见着那些过来人就想跟人家请教。大到孩子在那个阶段的智力开发，小到孩子喝奶什么温度最好，他都统统收下。那虚心的态度，让羊妈又感动又有点瞧不上。

羊妈觉得他太娘，这可不是教一个优秀的好儿子的好兆头。

羊羊在爸爸妈妈的精心爱护下，一天天长大了。七岁，羊羊开始读小学了，个子却仍旧瘦瘦小小的。体育课是没法跟同龄的孩子比的，智力上似乎也没有比别的孩子显出多少优势来。差距倒像是越来越明显了。

三年级上学期期末家长会，羊妈去开的。当着全班五六十个家长的面，羊妈被老师点名照顾：“你们家羊羊，字写得差，作文写话基本找不着头绪，回去要好好抓一下了……”羊妈点头如捣蒜般答应着，脸早已经红得没处搁了。老师那天特意把羊羊交的日记给羊妈看：

“今天爸爸带我到郊外，我们捉了蚂蚱一串串，我很高兴。”

“今天爸爸又带我到郊外，我们捉了蚂蚱一串串，我很高兴。”

……

没错，那些天，羊羊和爸爸每天黄昏都要到郊外小山上去捉蚂蚱捉知了，羊妈却没想到他会那样原生态地将那些记到日记上还交给老师当作业。二十篇日记，羊羊十五天在高兴地捉蚂蚱，另外五天没写捉蚂蚱，他把蚂蚱两个字换成了知了。

羊妈气冲冲地拿着羊羊的日记本儿回家，直接就摔在那爷儿俩跟前。

那会儿，那一大一小正埋头对着一盘棋厮杀得开心着呢。

“看看你儿子，写的好日记。看看你这个当爸的，引导得好啊！”孩子让羊妈当众难堪，她还他们以加倍的怒气。

“呵，我觉得我儿子写得很好。本来就是这样子的嘛。教孩子说真话写真实的心情比什么都强。再说了，哪怕每天只写一句话，他坚持下来了。能坚持做一件简单的事，就是一个大成就，是吧，儿子？”羊爸拿起羊妈摔到他面前的日记本，仔细翻了几篇，抬起头冲着被妈妈吓蒙了的羊羊乐，“不过，儿子，你妈妈批评你呢，也不是没有道理。以后再写日记，咱可不可以换着点花样啊，有趣的事很多嘛。”

那天晚上，羊羊写完作业，怯怯地将写好的日记交给羊妈看。羊妈一看题目，乐了：老妈发威，老爸救驾。写得蛮好的，除了里面羊妈的形象有点可怕，不过也算基本属实。

随着羊羊的慢慢长大，像这种“日记风波”，在家里也越来越频繁地上演。羊妈承认他们家羊羊与同龄的孩子相比有着某些先天的不足，但她同别的父母一样望子成龙，就算他成不了龙成了虫，也想让他成一条大个儿点的虫。所以他粗心了、犯错了、考试考差了，羊妈会毫不客气地批评他。撕掉他的作业本让他重写的时候也有。每每此时，那个原本充当严父的羊爸就站出来了，他每次都能给儿子找到让他破涕为笑的理由：

“粗心不好，但也没什么不好。等羊羊再长大一点，粗心的毛病自然就没了。”

“我看羊羊的学习习惯很好，有了好习惯，好成绩是迟早的事。咱有的是时间呢。”

“先做人后做事，羊羊是个善良的好孩子，这是他最大的优点。”

……

二对一，羊妈只好偃旗息鼓。

羊爸说失败是成功之母，多看孩子的优点，也多发掘孩子的优点，等孩子的优点占据优势，那些小毛病自然而然就改掉了。想想也是。

羊羊读到小学六年级，开始了青春期的小萌动，他竟然喜欢上了班上一位漂亮的小女生。老师打电话告诉羊妈这个消息时，她一下子蒙了。既而像着火一样给羊爸打电话：“羊早恋了。”

“切，有什么啊，我五年级就喜欢我们院里一个小女生呢。男孩子喜欢女孩子是正常的，不喜欢才不正常。”羊爸接听电话，一副轻描淡写的样子。

不以为然也就罢了，那一次，羊爸直接把羊妈开除出局。他说：“瞧好吧。我来收拾这小子。”

他“收拾”这小子的办法竟然是给这小子当狗头军师，当然，这些是羊妈在羊的“早恋”结束之后才知道的。

爸爸教儿子写情书，告诉他什么样的情书才能打动女孩子的心。羊在琢磨情书的过程中，造句水平竟然有了突飞猛进的提高。

爸爸告诉儿子，有责任心的男孩子是时下女生最看重的一点。在那一段时间里，一向懒散的羊突然变了一个人，每天早出晚归，对学校的集体活动有了空前高涨的热情。

爸爸还说，在学校里头，男孩子吸引女生最要命的资本就是学习成绩。把成绩提高上去，男孩子的脸面就有了。羊也真听话，一头扎进书本，还真像模像样学起来了。

“一个阳光健康的男生，小鹿一样飞奔在篮球场上，运球，投篮，女孩子们在场外尖叫连连，那才叫酷。”羊妈怀疑，羊爸当年真的就曾这么去勾引过那些小女生。羊竟也听进去了，一向讨厌体育运动的他，破天荒加入校篮球队。

……

在那段时间里，爸爸还教了儿子哪些讨女孩子欢心的高招儿，他们爷儿俩没全跟羊妈交代完毕。总之，有这么一用心良苦又经验丰富的军师，羊羊很愉快且很安全地迎来又送走自己的第一段“早恋”。小学毕业时，羊羊的个子快跟爸爸一样高了。他跟自己喜欢的小女生考到了不同的中学，从此也没什么交往了。

跟孩子一起参与，就算是一个错误也至少能知道孩子错到什么程度，何况有了家长的参与，孩子的错误往往也就不再成为错误。对于自己给儿子当恋爱军师这事，羊爸到现在还有点沾沾自喜。

羊羊平生遇到的最大的一件挫折应该是高考考场上的意外失利。依羊羊平时的成绩，考个重点一本一点不成问题，可在羊羊高考的那三天，他发高烧，拉肚子，自己都不知道是如何从一场场的考试中过来的。

羊羊只考上一所三流的本科，那样的结果让他无论如何也接受不了。羊妈也是。可她那会儿除了偷偷背着他流泪，似乎再找不出安慰他的语言。

儿子的那次失利，似乎没有对羊爸造成半点冲击，知道成绩时，他不过轻轻拍了拍羊的肩膀："儿子，没事，只要肯努力，什么时候开始，在哪里开始都不重要。爸爸决定，跟你一起赌一把。"

羊爸没鼓动儿子再回校复读来年再战，他倒是很鼓励他到新的学校里努力学习再继续到更高的学府里深造。他自己要把以前一直没能拿下来的律师资格证考下来。

"如果老爸能考下这个律师资格证来，儿子你就没有什么做不来的事了。"

"好啊。那就试试吧。"羊看着爸爸半头白发，很不以为然。他以为老爸只是心血来潮随便一说。律师资格证，那些砖头一样的专业书，年轻人看着都头疼。

四年。看似漫长，又似一转眼。四年时间里，那父子两个一个在南方那所校园，一个在老家小县城。羊羊报考了中国人民大学的研究生，羊爸自学律师资格证。儿子大学毕业前夕，接到中国人民大学法学院研究生的通知，老爸在那年秋天修完所有的考试课程，顺利通过毕业论文答辩，也拿到了他向往已久的律师资格证。

"爸爸比我用功多了。在学校里，也有累得不想再往下走的感觉，一想到爸这么大年纪还在学习充电，我就不好意思偷懒了……"羊羊回家，无意中翻看到羊爸那几年来留下的厚厚一摞写得密密麻麻的笔记本时，眼圈儿就红了。毕竟年龄不饶人，羊爸的那个证书，几乎就是"抄"出来的——好记性不如烂笔头儿，羊爸这话对他自己尤其合适。

说给孩子听不如做给孩子看，羊爸也一直是这么做的。

羊羊当年出生时发生了一点小意外，导致大脑缺氧反应，反应能力也比别个孩子慢了半拍，当时医生说他能活下来就很不错了。所以，面对今天的羊羊，羊爸羊妈真的很知足了。我知道羊爸是个难得的有耐心讲方法的好爸爸，跑去跟他取经，他只慢悠悠给我一句话：你们时刻记着孩子对你来说是那个最重要的人，你就会爱他、尊重他、无怨无悔地做他的守护神。可我却觉得，他对羊羊的成功教育，不仅仅来自一份爱，还有一份爱的智慧。

11 让孩子回回都考「满分」

十几年前，男孩来到这个世界上时发生一点小小的意外，脐带绕颈引起大脑缺氧，所幸母子总算平安。男孩的发育却因此受到一些影响，从幼儿园一直到中学，他的表现都极为平常，有时候甚至比一般孩子显得能力低下。所幸的是，男孩生长在一个非常幸福也很懂教育的家庭里。这些年，孩子的父母用超乎常人想象的爱与耐心在陪伴、鼓励、帮助这个孩子。

那次男孩的妈妈坐在我家里跟我聊天，聊了一会儿，猛想起什么："我得回去了，差点忘记孩子昨天拿回来的数学试卷，有几道错题，我得回去给抄下来让他重新来做。"

孩子试卷上的错题，做妈妈的一道道将原题抄下来，再给孩子做。做对一题，把那一题的分数给他"还"回去，一直到孩子把整张试卷上的题目全部做对，妈妈会很郑重地在孩子原来分数的旁边写上一个大大的"100 分"。这样的教育方式，我头一次听到见到。

"这样，会不会让孩子觉得我们大人唯以分数论高低?"我问那位妈妈。

"不会的，看你如何引导。再说每个孩子的情况不一样，家长就得根据自家孩子的特点为他量身定制一套适合他的教育方式啊。"

从小学到中学，这位妈妈一直坚持这样做。她这样做的结果就是曾经胆小自卑的男孩，在爸爸妈妈不断地鼓励下变得越来越优秀。

据孩子的妈妈讲，孩子刚进小学时，各项表现差不多都排在学校班级的后面。三好生，优秀奖，这些奖励几乎从不跟孩子沾边。妈妈也看得出，孩子很用功，也很渴望进步。无奈先天的条件摆在那里，那不是孩子的错。每个学期末，学生家长去开家长会，那些成绩好的孩子连同他们的家长，个个满脸喜气。唯男孩，无精打采。看着那些手捧奖品证书的同学从自己身边走过，男孩的眼里有满满的羡慕，也有深深的失落。因为男孩的表现太平常了，老师们几乎找不到什么理由来鼓励表扬他。

妈妈原本打算承认那种现实，不求孩子有多么优秀能干，只求他健康快乐地长大。可孩子脸上那股热切与失落深深地刺痛了她的心。尽管孩子智力平平，可他同其他孩子一样想获得一份来自他人的赞美与肯定，他也渴望成功的甘甜啊！

那个不同寻常的想法也就在那时产生了：孩子的老师不能在试卷上作假，他们只能给孩子写下实实在在的分数，我们做家长的可以帮孩子“改”啊。自此，每次孩子拿试卷回来，妈妈都会把他的试卷要过来，将那些错题一一分析，看孩子错在什么原因，不会的，帮孩子细细讲解，直到孩子听懂，粗心的，让孩子再一一订正。等孩子把上面的错题目全部搞懂搞通之后，妈妈就将所有的错题再抄给孩子，让他再做一遍，全对了，就给孩子在原分数的旁边打上大红的满分，做错了，再如此反复，直到孩子把那张试卷完美地做下来，妈妈才告诉他：“孩子，你看只要你用心、细心一些，这张试卷你可以同其他同学一样得满分。你们老师考试的目的就是为了让你们通过考试掌握所学的知识，现在，你跟他们一样了，因为你把这张试卷上所有的拦路虎都清除了。”那样的做法，那样的鼓励，让男孩子很受用，也让他的学习基本功越来越扎实，试卷上老师写下的那份真实的成绩离妈妈给孩子写下的成绩距离越拉越近。孩子的自信心开始一天天丰满起来，在学校也渐渐引起老师们的注意。

男孩身体瘦弱，体育成绩一直不能达标。为了鼓励孩子努力参加体育锻炼，每天清晨，男孩的爸爸都会带着男孩到学校的操场上跑步，几年来从未中断。

孩子中考时，体育得了满分，文化课也取得了相当不错的成绩，被市里一所很好的重点中学录取。

如今孩子已读高中，读高中的男孩已经掌握了一套切实可行的学习方法，妈妈不必再跟着他给他往试卷上写那一个又一个的大红满分了。但孩子把妈妈教给他的那套学习方法完美地保留下来，学习中及时排除障碍，不留任何死角，做过的每一份试卷每一套习题集，都力求将上面的知识完全消化吸收。那让孩子在学习中变得越来越得心应手，获得一份好成绩也只是水到渠成的事了。

让孩子回回得“满分”这样的做法也许并不适合所有的家长和孩子，我就曾尝试模仿过，最终以失败告终。我家孩子是一个自信过头的马大哈，我允许她有更多的修改机会没让她变得更优秀却变得更加浮躁马虎，我只得果断放下这条从别处得来的教子经，另寻他路。可这位男孩父母的做法，还是让我深感佩服。面对一份不尽如人意的现实，他们不急不躁，而是用爱的眼睛去发现，用耐心去等待，用科学的方法给孩子指导。这样的家庭走出的孩子，如何会不优秀啊？

12

父爱的镜头

十年前，那个襁褓中的小人儿被抱回家的那天，他给那个小人儿送了第一份礼物——一本《世界名人的少年时代》，他从书店精挑细选买回来的，就放在儿子的小枕头旁边。儿子还处在一片混沌中，他的心中却有一个清晰的理想——他不想让儿子像他一样吃尽没读书的苦头，他要让儿子在未来的日子里与书香相伴。

外表粗犷的他，在儿子面前却变得心细如发。儿子何时哭，儿子何时笑，儿子的嘴里何时长出第一颗洁白的乳牙，儿子何时冒出第一个含混不清的词汇，他都认认真真记录下来。他没读过多少书，字写得极为潦草难看，可那一点儿也不影响深埋他心中的那份美好愿望。

儿子不负他，正在朝他渴望的方向努力成长。一个活泼可爱又聪明的孩子，两岁就能清晰地开口说话，三岁就能背一长串的唐诗，等孩子六岁读小学时，家中那一个简易书柜里近百册藏书差不多已经被孩子翻了个遍。那些书，都是他和妻子平时省吃俭用给孩子买回来的。古今中外的古典名著，有一些他连名字都没听过，只听别人推荐说好，也都买回来。

博览群书的儿子，在同龄孩子中的优势自然也越来越明显。孩子的各门功课都学得极好，语文学得尤其棒，作文差不多每次都被当做范文在班上读。

发现孩子有表达天赋，是一个很偶然的机会。那天下午，他像往常一样去学校门口接孩子，远远看到儿子背着书包一蹦一跳地跑过来，他就笑了。看儿子脸上的表情，他就知道，儿子一准儿又有好消息要告诉他。果不其然，儿子从书包里掏出一张写着大红优字的试卷。是儿子的语文试卷，又一个满分。

“爸爸，你来，我有话要跟你说。”儿子让他看完那张试卷，就把他拉到校园边上的一处墙角。那是他第一次以那样的方式来倾听儿子说话。他把自行车支好，站定，认认真真地看着儿子的眼睛，听他唧唧喳喳把那一天的见闻感受讲完。那天，他们回家晚了整整半个小时。那半个小时里，儿子一直在滔滔不绝地讲。

儿子读书太多，又有着极敏锐的感悟力。在同龄的孩子中，他渐渐找不到心灵相通的人。那些稀奇古怪的想法，在他的小脑瓜子里绕来绕去，那一串又一串漂亮的词汇在他的小嘴边上转。他渴望找一个分享者，一个听众。作为爸爸的他就成了孩子最好的选择。

自从发现儿子能言善辩的优点之后，他每天就多了一项任务，就是听儿子说话。放学的路上，散步的路上，晚上休息的时候，小家伙的表达欲望不知何时就被什么给勾起来，那个时候，无论他多忙，他都会放下手头的事，端端正正坐下来，听孩子把想说的话说完。孩子的阅读量越来越大，孩子的思想也越来越让他吃惊。他看孩子的目光里便不再仅仅是一种惊喜，还带了一种莫名的崇拜。孩子的很多思想，连他都未必能及。他端着一本日记追着孩子记录，每一句让他惊奇又惊喜的句子，他都会急匆匆记录下来。

一位仅有高中文化程度的爸爸，十年里为儿子记录下四十多本日记。那该是怎样一份厚重的爱啊。他的爱却不仅限于此，他又发现了另一种鼓励儿子读书、表达的方式。他不再让儿子仅仅面对他自己说话，他开始给儿子物色更多的听众。夏季的傍晚，小区里很多人都走出家门来纳凉，他在小区前面的空地上，拉上巨大的红色横幅，桌子上摆上麦克风，让儿子在那里演讲。为了让更多的人成为儿子的听众，他甚至一家一家去敲门邀请。

儿子的名声渐响，他代表学校参加一次又一次的演讲会，每次都取得不错的成绩。

那样的激励方式越发激发了孩子的热情，他读更多的书，他的演讲也越发变得精彩。把儿子精彩的演讲片段录下来，传到自己的博客里，原本是一个无心之举。他却万不曾料到，那一段小小的视频竟然在网上掀起轩然大波。众人被那个年纪小小却上知天文下知地理面对镜头镇定自若口若悬河的小男孩给震惊了。他们痴迷地称男孩为“演讲帝”。

九岁“演讲帝”一夜之间红透大江南北，也越发激发了爸爸为他录像的热情。一段一段，儿子表现得越来越自信，谈教育，谈理想，谈人生，甚至也会谈一些国际形势……

偶然间打开孩子的演讲视频，我也被震惊了。那些满含人生哲理的话，怎么可能会是从一个年仅九岁的孩子嘴里讲出来的。顺着那个链接，一路翻看孩子的成长足迹，我不由被深深地感动。他们家房子狭小，爸爸把最宽敞朝阳的那一间收拾出来给孩子，高高的书柜里是一家人平时省吃俭用为孩子买回的书；北方的春天，山上的积雪还未化尽，爸爸扛着摄像机，半躺在残雪斑驳的雪地上，为了找到给儿子拍摄的最佳位置；男孩床下的大木箱里，爸爸为他记下的一大箱子成长笔记……看过那些，我不再为男孩子的优秀而觉得惊奇。试问有多少父亲，能够像那个孩子的父亲那样一路陪着他走来，如此耐心又忠实地记录着孩子成长的点滴？

对于这位父亲后来带着孩子去各大电视台做演讲的做法，我也心存一定的疑虑与担心。不希望如此优秀的孩子过早为名利所累而失去他原本可以更灿烂的未来。从另一个角度来说，这位父亲的做法却也值得很多家长朋友借鉴学习。把充满爱与欣赏的镜头对准自己的孩子，让孩子在那样的镜头前自信快乐地展现自己，每一位家长的肩上都可以扛上一架那样无形的摄像机。你的孩子喜欢演讲，你的孩子喜欢画画，你的孩子会讲故事……也许这个孩子的成绩并不尽如人意，但你可以尝试着从他身上最闪亮的地方着手，去赞美他，鼓励他，去让那细微的光亮慢慢将孩子的自信心燃起。

第三章

成绩中等并不表示不优秀——写给中等生的成长箴言

他们的成绩，在班上，不好不坏，甚至从来没进过前十名。可他们在班上一样有着一份好人缘。怀抱吉他的阿福，绿茵场上奔跑的阿异，笑死人不偿命的葛逗，给大家做知心姐姐的玉玉……因为他们对生活的热爱，对那个集体的热爱，他们是一群帅呆美极的中等生。看一看，里面可曾有一个你？

1 那把青春的吉他

人心不是靠武力征服，而是靠爱和大度征服。——斯宾诺莎

宽容能使人与人之间相处和谐，宽容是化解恩怨的最好良药，宽容能让人获得友谊，一个普普通通的孩子，因为胸怀一颗宽容之心，一样让全班同学对他深情地大喊：我们爱你！

阿福圆脸，肤色微黑，长着一双特别喜气的小眼睛，一笑起来，那双小眼睛就眯成两条细长的缝——这长相特别配得上他的名字——阿福，或者说大家就是因为他天天乐呵呵的样子才给他取名叫阿福的。阿福是班上脾气最好的男生，好得几乎没什么脾气。

阿福的理科学得很棒，数理化课堂上他总是精神焕发像个小斗士，文科成绩却差强人意，一上语文英语或者政治课，他就要蔫儿。所以，综合一下，阿福的成绩只能排在班上的中等水平。

阿福似乎并不着急，每个周末都去学吉他，风雨无阻。他说他要当一个多才多艺的理科男，说这话时他可一点儿也没有脸红。

初二下学期时，阿福的吉他已经弹得很棒了。

元旦，学校组织文艺汇演，以班级为单位进行评比。那时，离期末考试还有不到三周时间，班上大多数同学都在紧张忙碌地复习功课，谁有心思报

名啊，还要排练什么的。班主任老师征询的目光在班上扫了一圈儿，只有阿福在抬头微笑。

“阿福，你来?”

“好，我来就我来。”

阿福成了班上临时的文艺队长。文艺队长这个头衔可不是空担的，先去动员那些有特长的同学加入进来，再去找适合他们的节目，再组织排练。那时，学校里的同学们都在疯狂地迷恋许嵩，阿福决定来排一个乐器四重奏《清明雨上》——吉他、小提琴、电子琴、古筝，阿福把班上几个有特长的同学全集中到一个节目里来——学校规定每个班级参加比赛的节目只有一个。阿福说个体再优秀也不能代表全班的水平。他把自己最拿手的吉他独奏拿掉，换成乐器四重奏。

节目定下来，到网上下载的曲子，阿福负责改编，哪一段给小提琴，哪一段给电子琴，哪一段给古筝，哪一段给自己，哪一段合奏，可真让阿福大伤脑筋。别看他吉他弹得不错，谱曲的本领还不太行，一支原本很好听的曲子，每个人单独出来演奏也都优美动人，合到一起就不那么对劲，像鸡鸭鹅被强行关到一个笼子里，各唱各的歌，各弹各的调。

“你，小提琴，把调子稍定低一下吧，盖过古筝了。”

“你的电子琴，可以适当再突显一下。”

……

每天中午午饭时分，别的同学都回家或者到学校食堂吃饭去了，阿福还带着他的队员们在音乐教室排练。校门口两元钱的小笼包就打发了肚子。整首曲子里，阿福的吉他出现得最少。他说，他的吉他本就是来当绿叶的。

那样苦练了两周时间，一曲乐器小合奏已经排练得很像那么回事。再有两天就是元旦汇演了，意外却在那个节骨眼儿上发生。那天中午，阿福下课后如往常一样去音乐教室，才发现音乐教室的门已经大开了。走过去拿起竖在墙角琴架上的吉他准备排练，目光一落到他的吉他上，阿福的心就被揪紧了。昨天还好好的吉他，那会儿已面目全非，琴颈断裂，琴弦松落。那是妈妈托朋友从外地给阿福买回的一把上好的红棉吉他，价钱高不说，那把吉他已经跟随阿福三年了。阿福满脸的笑容在那一刻冻结。

阿福妈妈接到阿福的电话，一下就气炸了。她要学校的老师给一个交代。音乐老师说可以把琴放在音乐教室，却出现这样的状况。阿福在电话里跟妈妈急了，他死活不让妈妈去。他说琴坏掉了，主要的原因在于自己没有保管好，与其他人没多大关系。再说，弄坏它的人也许仅是不小心。他说他可以自己解决。可他如何解决啊？音乐教室的门是谁开的，不知道，吉他是哪个弄坏的，更不知道，坏掉的吉他已经完全作废，无法再修好。那天中午，阿福破例把前来排练的同学给赶回去了。他一个人呆呆地坐在音乐教室，抱着那把残破的吉他落魄失神……

第二天，阿福再来学校时，背着他那把旧吉他，初学入门时妈妈给他买的，已经好久不用了。琴与琴的差别有时真有天壤之别，换上那把旧吉他，尽管弹奏者还是那个阿福，发出的声音却完全不一样。干涩，生硬，再没有往日的圆润、饱满，那样富有穿透力。阿福有些难过，但还是强颜欢笑在给别的队友鼓劲：我本就是绿叶啊，你们红花奏得好，咱们一样会取得好成绩。

第三天，正式演出。阿福和同学们苦心排练的节目最终没能得到一个好名次。吉他的因素占了很大一部分。从舞台上走下来时，一向快乐的阿福再也没有了笑容。他在为自己那天在台上的表现自责。汇演结束，他背着那把破旧的吉他，无精打采地往教室走。上楼，推开教室的门，阿福一下子就愣住了，同学们不知何时早已回到教室，正齐齐地坐在教室里等他，见他进门，调皮的可豆朝他扮个鬼脸，说："呶，阿福，请将你的脑袋旋转七十五度，看向黑板。"

阿福果真扭头朝向黑板。男儿有泪不轻弹的，可那一刻，阿福的眼泪"哗"一下流下来。黑板上，同学们用彩色的粉笔写着：阿福，你真棒，我们爱你！

格拉索说：笑是一种没有副作用的镇静剂。我则认为，笑是快乐的心灵开出的美丽花朵。一个懂得欣赏自己，也懂得欣赏别人的人才会时时迸发出快乐的笑声，并把那份快乐迅速传递给别人。快乐是一种能力，也是一种优秀的品质。

2 滑稽可豆

有位记者去采访企鹅家族，记者问第一只企鹅："请问，你每天都在做些什么呢？"

第一只企鹅快乐地回答："吃饭，睡觉，打豆豆。"

记者又问第二只企鹅："请问，你每天都在做些什么呢？"

第二只企鹅快乐地回答："吃饭，睡觉，打豆豆。"

记者一连问了数只企鹅，得到的答案都是："吃饭，睡觉，打豆豆。"

记者走到最后一只小企鹅面前，给出同样的问题："请问，你每天都在做些什么呢？"

最后一只小企鹅很大声地回答："吃饭，睡觉。"

"你怎么不打豆豆呢？"

"因为我就是豆豆。"

这故事最初就是可豆讲给大家听的。那时候，正面临期末考试，班上一片紧张忙碌。课间休息时间，可豆就把这个故事讲给大家听。那时，可豆还不叫可豆，他有爸爸妈妈给他取的学名。

"因为我就是豆豆。"可豆瞪大眼睛，咬住食指，作一脸的天真无邪状，将故事里那只憨态可掬的小企鹅扮演得活灵活现。边上的女同学都笑翻了，他这才从故事里走出来，满脸凝重地问："这个故事可逗?"

"可——豆——"周围一片呼声。

可豆的真名字从此就被忽略不计了。他就像故事里最后那只给大家带来欢乐的小企鹅一样，成了大家的小可豆。

可豆的成绩不算好，各科成绩平平。可你从他的脸上，从来看不到一点苦大仇深的样子。相反，他似乎比班上任何一个同学都更快乐。他的长相有点喜感，有点像喜剧演员梁天，两只细小的眼睛像两只黑亮的逗号，天天都贼亮亮的，这样有喜感的长相再加上他常常语不惊人死不休，可豆在的地方就是欢乐在的地方，没人会在意他的成绩如何，有时，连各科任课老师也会被他逗得捧腹大笑。

体育课，跳绳，可豆真的被难住了。从小到大，他练长跑，练跳远，练撑竿跳，就是没跳过绳，他觉得那是女孩子才玩的游戏。轮到可豆上场，全班同学都在为他鼓掌，老师也在满怀期待地望着他。可豆头一回失了以往的自信，他磨蹭着，就是不愿意上前去跳。

"跳啊，下面的同学还等着呢。"老师说。

跳就跳，大不了死得难看一点。可豆一甩头发说："风萧萧兮易水寒，壮士一去兮不复还!"可豆的个子瘦高，那根跳绳儿在他的手上很明显的短了，可豆跳起来，整个人身子弯成虾米状，再加上技术不过关，手忙脚乱的可豆活像一只手舞足蹈的被网住的大虾。同学们开始还在给他加油鼓励，后来那加油声就被一片疯狂的大笑声取代。有些笑点低的女生早已笑翻在草坪上了。

可豆不管别人如何笑，他面色从容，坚持从操场的这一头跳到那一头，又从那一头跳回这一头。跳绳的动作不规范，可豆却一个也没少跳。只是等他停下来时，他整个人已经累得气喘吁吁面红耳赤。有位女生还在咧着大嘴笑，可豆盯着她看了两秒钟，说："你看看你笑得皮开肉绽的样子吧。"

刚刚平息的笑声再次疯扬起来。连体育老师也憋不住了，咧开嘴哈哈大笑。那堂体育课，因为可豆，成了经典的一堂课。过去好久，大家都还怀念着呢。

用班上那些小女生私底下的话说，班上受欢迎的男生大体可以分为几种类型，一是靠技术吃饭的，那些成绩优秀的男生，什么也不做什么也不说，光响当当的成绩就够一大片小女生崇拜；一是靠脸蛋吃饭的，就是那些长相可人阳光的男生，哪怕成绩次一点，也还凑合；如果这两者都没有，就是可豆那样有趣的，性格超好，随时随地都能跟大家打成一片，给大家带来欢乐。

妈妈曾为可豆的成绩着急上火，也曾为他这种人来疯而焦灼。快初中毕业了，还像个小孩子一样单纯。可豆却并不这么看，他在自己的博客里这样写：我是一个中等生，一个快乐的中等生，我不用天天像尖子生一样面对那么大的压力，他们害怕被后来者赶上，我则没有这份担心。他们有一点微小的退步就要慌张，我有一点微小的进步，得到的就是爸爸妈妈的鼓励与表扬。不过，说来说去，还是要面对成绩啊，努力吧。

可豆当然不仅仅是那样一个无心无肺只知嬉闹的男孩子，他也有很安静的时候。那时候，他大多在捧着一本书看。妈妈平时给他的生活费，他常常跑到学校外面的租书摊儿去租书看。

紧张的中考越逼越近了，为了缓和班上的紧张气氛，同学们主动在教室后面的黑板上开辟出一小块开心乐园，哪个同学读到开心的小段子小笑话，都可以写到那里去，给班上其他同学带来轻松一笑。那块园地，几乎被可豆承包了，是他自愿的。看看下面这些小段子都是可豆带给大家的。

1. 老师："请把'马儿跑了'这句话转换成疑问句。"

小伊万："马儿会跑吗？"

老师："正确！很好！现在把它转换成祈使句。"

小伊万："驾！"

2. 地理老师质问廉尼："为什么没有完成世界地图的描绘作业？"

廉尼低着头小心翼翼地回答："我怕我画的地图会改变世界。"

……

因为有了可豆，大家的初三生活多了很多快乐，少了很多沉重。只是面临越来越近的分别，有些同学已经在暗自感伤：就要离开这个快乐的群体，离开快乐的可豆了。可豆听了，朝那位同学扮个鬼脸，一本正经地教育他：该分手时就分手，风风火火闯九州。莫愁前路无知己，天涯处处有可豆。这都哪跟哪啊。

天涯处处有可豆，愿可豆走遍天涯都不要忘记带上他的这份快乐。

3 阿异，好酷

健康的身体是学习和工作的基础，健康的心灵是快乐的基石。有健康的人，便有希望；有希望的人，便有了一切。健康是幸福的首要条件。也许你不是考场上的健将，那就做一个像阿异一样身体健康心灵快乐的人，也很好。

每次去开家长会，阿异的妈妈都是低着头默默来默默去。她很少跟周围的其他家长交流。去找老师了解情况，也总是显得底气不足：我们家阿异……底子薄，让老师多费心了。

呵呵，阿异体育成绩很好，篮球打得棒啊。每一次，班主任老师都会这样对阿异的妈妈说。阿异妈妈便尴尬地笑笑，在她听来，那样的表扬就是一种委婉的批评。

要是妈妈亲眼看到阿异在学校的表现，看到运动场上的阿异像一匹年轻的骏马一样奔跑，看到场外那些小女生们如何为奔跑跳跃的阿异尖叫，妈妈估计就不会觉得那样自卑了。

阿异刚进那个班时，长得瘦瘦小小。开学伊始，班主任老师让每位同学都上交一张一寸免冠照贴到学生卡上。阿异把自己的照片交上来时，台前围着的女生“哄”一下就笑了：“阿异，这是你幼儿园的照片吗？可爱死了。”

阿异的脸“腾”一下就红了。那照片是他小学毕业那个暑假才照的。

阿异自此有了一个心结，他想长高点长胖点，长得别再像幼儿园的那个自己。生命在于运动，阿异视这一句为长高的妙药，他迷上了运动。每天早早起床，第一个去学校，围着操场跑几圈，每天放学后，抱着篮球约同学去打球。刚开始时，因为个子瘦小，篮球场上的阿异老处于一种劣势，跑不过别人，抢不到球，偶尔抢到球也因为个子矮小无法投中。阿异却丝毫不气馁，他相信汗水与时间会改变一切。

果真，初二下学期，阿异个子猛蹿上来，球技也飞涨，是班上篮球队的主力运动员了。

校园文化节，学校各班级之间举行篮球友谊赛，球场上的阿异倾倒校园一大批女生，本年级的不必说，刚入学不久的那些初一小女生简直要为阿异发狂，有阿异在的比赛，球场外的观众总是格外多。

阿异，好酷！阿异，加油！此起彼伏的加油声里，你就该知道阿异的人气有多旺。

回头看一下球场上的阿异，也不难理解那些小女生为何为他疯狂。蓝白相间的运动短装，白色的运动鞋，被太阳晒成小麦色的皮肤，运球，投球，闪转腾挪，衣角被风鼓起，头发被风扬起，那姿势，简直酷毙了。

也许是因为有阿异在，大家对自己的实力太过自信。第一场比赛，跟实力并不怎么样的一个班级比，竟然比输了。原本想一个开门红，哑了，全体队员的士气一下子低下来，对接下来那场强强相对的比赛几乎完全失去了自信。好在，那时候阿异勇敢站出来鼓励大家：才开始呢，后面还有的是机会和希望。接下来的比赛里，阿异带领队友们左冲右突，越打越勇。

因为有了阿异，那一届校园文化节，阿异和队友们毫无悬念地抱回篮球赛冠军的奖杯。

阿异的篮球打得棒，在女生中有着极好的人缘。

阿异的性格随和，跟班上随便哪一个男生都能合得来。

阿异的个子很高了，一言一行却很单纯，心地也柔软善良，老师们也喜欢他。尽管他的各科成绩并不出色。

在阿异学期末的民主测评中，同学们一栏里全部都是大红的 A，老师们的评语，除了成绩一栏里要照实填，其他也全是好评。

阿异对自己的人缘还算满意，只是对自己的成绩也有些不满，他一直在悄悄努力，希望中考时能考上一所不错的高中。以后的路还长呢。阿异有信心，大家对他也有信心。

朋友走弯路做错事，规劝朋友知道采取正确的方法，自己走弯路做错事，能接纳朋友的意见或者建议，这样的人在生活中才会有知心朋友，也才会成为别人的知心朋友。

4 知心姐姐

某天晚自习课，女孩婷忽然莫名其妙地坐在座位上流眼泪。同学们都在低头紧张地复习功课，没有人注意到婷的眼泪，更不会有人去关心婷为何突然就流起眼泪来。可婷的那一举动没逃过另一位女孩璇的眼睛。璇就坐在婷的旁边，那会儿也在埋头做习题。

“婷，怎么了?”璇停下手中的事，转过头轻声问婷。

……

婷只是无声地抽泣，并不回答。

“别哭啊，下课后咱们到后面操场走走，你说给我听，好不?现在先写作业。”璇再柔声劝。

婷终于不哭，摸出课本看书。

第一节晚自习下课，璇拉着婷的手到教学楼后面的操场上去散步，想听听婷的委屈。

“玉怎么可以这样子呢?她答应了我的，说晚饭后会把她的文言文题库带给我看的，可我等了一节课了，她像无事人一样，八成是忘记了或者不愿意再借给我看。怎么可以这样?我答应过她的事一定都做得到……”其实是很小的一件事，婷和玉是一对很好的朋友，婷要借玉的书看，玉答应她晚饭后给她带来，婷没等到，觉得玉不守信。她的泪，确实不是为没看到那本书流，而是为了朋友的失信。婷是个守信的女孩子。

“就为这事哭啊，婷，你的泪也流得太早了吧。现在才是第一节晚自习，万一玉给你带来了，因为时间匆忙还没来得及给你呢？若到时她真的忘记给你带，你再怪她失信也不晚啊。况且，你还得明白一点，玉送你书看是情谊，不送给你也没什么不合情理，就算她真的不借给你，你也不该怪她，是不是？”静静的操场上，婷与璇并肩而行，璇在劝解婷。

说得也是啊，玉凭什么就一定要把书借给我看呢？

第二节晚自习上课前，玉急匆匆地拿着手上的书来找婷：“婷，实在对不起了，晚饭后来晚了，没来得及把书给你，耽误你看了吧？”

婷的脸“腾”一下就红了。自习课上又在自责：我怎么可以这样错怪玉呢？

其实，玉根本不知道你曾经错怪她，以后遇事不要这么着急就好了。璇冲婷扮个鬼脸，两个女孩子会心一笑，低头写作业。

这个叫璇的女孩，比婷的年龄还小一岁多，她差不多是班上年龄最小的孩子，可在全班同学的心目中，她不是小妹妹，倒是一位知心姐姐。

璇的性格超文静，她有一份看上去与自己的年龄不相符的沉稳。进入青春期，班上女孩慢慢都有了一些不愿意为大人知道的小秘密，搁心里又藏不住，就想找一个妥帖的安放之处，璇就成了大家公认的知心姐姐。谁有什么小烦恼都愿意来找璇诉说，璇有时会给他们提一些小建议，有时候自己也不知道怎么办，就只是静静地听他们说，或者陪他们围着操场走两圈，分散转移一下他们的注意力。

周末，璇坐在电脑前上网。妈妈催她去吃饭，她答应着，手指却在电脑键盘上噼里啪啦忙个不停。璇的妈妈忍不住，探头上前一看，乖，电脑下方有三四个聊天框儿在闪烁不停。妈妈有点来气，上前就要关电脑，璇急了，双手去护电脑开关：“不行的，妈，他们心里有结扣儿，我得帮他们解开才好……”

“你以为你是谁？观世音再世来拯救这个世界？你还是先拯救你的成绩。想想重点高中的大门愿不愿意为你打开吧！”妈妈一通火气，璇的眼泪流下来。

作为知心姐姐的璇，在班上有最好的人缘，班上的男生女生，几乎无人不喜欢她。老师们也是，说起来，除了璇的成绩有些不太理想，其他的真挑不出她什么缺点。璇的妈妈却不这么看，她为璇的成绩着急上火透了：天天得为同学们那些事儿分多少心啊？看那些学习成绩好的孩子，人家一心扑在学习上。这孩子倒好，跟着别人瞎起哄……

璇的妈妈跑到家里来跟我诉苦取经，她希望我能给她一点建议。而我给她的建议是这样子的：如果我是你，我会为我有这样一个女儿而骄傲，我愿意敞开耳朵和心扉静静地听她说，她的苦乐，她的同学们的苦乐，然后给予她我能给予的建议与帮助，再让她去帮助那些信任她的同学们。这样子，她既可以维持自己与班上同学的一份好人缘，又可以节省下很多时间与精力投入到她的功课中去。从另一方面讲，她帮助同学排忧解难的过程，其实就是她成长的过程，她向父母取经讨教的过程，就是家长与孩子最好的交流过程。这样的两个过程，对每一个孩子的成长来说都尤其珍贵。何必要这么大惊小怪呢？该庆幸才是。

诚实守信让我获得友情获得一份不错的事业，柔软善良让我获得美满的幸福爱情，伤害与欺骗让我慢慢擦亮自己的眼睛变得成熟知性，单纯通透又让我体味到简单的幸福与美好。看吧，岁月真是一所无所不教的学校，在这所学校里，曾经爱哭的女孩也会慢慢找到属于自己的明媚未来。

5 爱哭的女孩也可爱

婷爱哭，在班上是出了名的。

老师在课堂上讲课，讲课之前先提问一下上节课所学的重要知识点。问到婷，婷站起来，只答上一半，就再也答不下去。答不下去，坐下去也就是了，老师再点其他同学来回答。坐回到位上的婷却眼圈一红，眼泪顺着眼角就滑下来。

婷长得蛮可爱，就是皮肤有些黑，是那种健康匀称的肤色。有爱开玩笑的男生，某天盯着婷的脸看了半天后，说：“婷，我发现一个秘密。”

婷笑嘻嘻地问：“啥秘密?”

“你将来有可能成为中国历史上第一位黑人女作家。”男生说完，朝婷扮鬼脸。婷的作文写得极好，在班上有小才女之称。男生本意也许是想夸她有才来着，结果偏偏顺带着把婷最不愿意听到的话也说出来了。

婷的脸一下子变红，狠狠瞪了那男生一眼，一扭头，眼泪就下来了。那男生抽自己的嘴巴子，边抽边说："对不起，婷，我真的不是有意的，我，我……要不你来打我两下出出气吧，求求你别哭……"

为此事，婷伤心流泪半节课。

大家都说婷太爱哭了，在她面前说话做事都得小心翼翼才行，可大家又都没有办法不喜欢这个动辄爱流眼泪的女生，因为除了爱流眼泪这一点之外，婷实在又是个很可爱的女生。

周末，婷和几位女生相约到书店去看书，谁料天不遂人愿，约定时间到了，天上却电闪雷鸣下起大雨。那样的大雨天气，不必电话另约，相信也无人愿意出门。婷却按时去了，尽管披了雨衣撑了雨伞，身上的衣服还是被打湿了大半边。在约好的公交车站牌底下，婷等着另几位同学的到来，却是左等不来右等不来。婷急了，一一打电话过去问，对方同学吃惊得要死："婷啊，这样的大雨天能出门吗？我以为大家都不去了……"几个人的回答竟然如出一辙，婷扣了电话，眼泪又流下来：说好的事情，怎么可以随意变？要变也要提前通知一下吧？

十几分钟后，另几位女生齐刷刷赶到婷等车的地方。她们又齐声地向婷赔礼道歉，向婷表示感谢。因为婷为她们上了很好的一堂诚信课。

的确如此，滴水见太阳，越是平凡的小事上越能看出一个人的品德修养。

婷和爸爸妈妈一起上街，在街角遇见一位趴在地上要钱的女孩子。女孩看上去和婷差不多的年纪，只是身上脸上都脏兮兮的，面前的地上写着一长串的白色粉笔字：家里穷，父亲病逝，母亲远走他乡，如今家里只有年事已高的奶奶和幼小的弟弟，奶奶病倒在床要钱抓药，弟弟年幼要钱吃饭……那一行又一行写得工工整整的粉笔字，并没有吸引多少路人的目光。女孩面前的搪瓷缸里也只可怜巴巴地躺着几枚硬币。婷站在那里，从头到尾把那些都看完了，看完了，眼泪也"吧嗒嗒"掉下来。回转身，探寻的目光望向身后的爸爸妈妈。妈妈心直口快，上前拉了婷的手就要走：走吧，这样的事天天有，你也信，傻孩子。

婷一下子把手从妈妈的手里挣脱出来，又望向爸爸。爸爸犹豫了一下，掏出身上的钱包递给了婷，婷从中抽出一张二十元的钞票，弯下腰，轻轻放到女孩面前的搪瓷缸里，再冲女孩笑笑，转身走开。

回去的路上，妈妈心里似乎还有些气，一直在数落那父女两个傻瓜容易上当受骗。婷默默不语，爸爸把话接过去了："即便他们是假的，骗人的，孩子的这份善良却是真的。为孩子的善良埋单，我愿意。"

婷终于抬起头，冲着爸爸笑了。

怎么办啊，这孩子，心这么软，眼也这么软，长大了如何在这个社会上立足？私下里，婷的妈妈说起婷的这种柔弱性格来，总是忍不住满腹担忧。读一本书能读得泪流满面，看一部电影能哭湿一摞纸巾，羞涩，惭愧，激动，高兴，悲伤……几乎所有的情绪，婷都可以用眼泪来表达。小小年纪，如此多愁善感，怎不让人担忧？

不用担心，岁月会成为她最好的老师，它会教她在这个世界上慢慢变得睿智坚强。我的这些话不单是安慰婷的妈妈的，还是对所有像婷一样柔弱善良又多愁善感的孩子说的。在婷的身上，我能看到自己当年的影子啊。对月流泪对花伤心，面对一点微小的收获与失去都会泪湿衣襟，敏感多疑，相信这个世界的美好，相信爱，相信人与人之间的温暖多于冷漠，很投入很单纯地去爱自己所爱信自己所信，对这个世界毫不设防地敞开心扉，又不得不接受一次又一次无法预料的小伤小害……回首自己这些年走过的路，就是如此。可岁月给我的恩赐却是远远大于伤害的。诚实守信让我获得友情获得一份不错的事业，柔软善良让我获得美满的幸福爱情，伤害与欺骗让我慢慢擦亮自己的眼睛变得成熟知性，单纯通透又让我体味到简单的美好。看吧，岁月真是一所无所不教的学校，在这所学校里，曾经爱哭的女孩也会慢慢找到属于自己的明媚未来。有什么比心存善良与美好更值得相庆呢？

6 数学很差，作文很棒

素质教育不是简单地往孩子的脑子里灌输知识，也不仅仅是教他们学会琴棋书画，素质教育要教孩子学会做人做事，学会分清自己的优长与短处，再教他们如何发挥优长而不弃其短处。素质教育还应该有很重要的一点，就是要尊重孩子的意愿，孩子良好的意愿得到别人的尊重，会有新的良好意愿再从他的心间升起来。

小黑长得并不黑，倒是比一般男孩子都长得白净。班上的一帮怪才，给同学取绰号总是有创意：一个男孩子家的，长这么白算什么，叫小黑吧，希望以后你能黑壮结实一些。

小黑这个名字从此就忠心耿耿地跟随着他，一直到初中毕业。

小黑是那种文理科学习界限相当分明的一类学生，理科学得一锅粥，每次考试，理科成绩差不多都被排在后几名，文科又学得超级棒，作文写得尤其好。文理两两综合一下，小黑的总成绩毫无悬念地排到了班上的中游水平。

对这样的成绩，小黑似乎没有太大的恐慌，他所有的兴趣都在他手中的课外书上。班上几十名学生中，小黑的课外阅读量是最大的，天文地理军事科技童话漫画，小黑都找来读，有时候读得太过投入，课上也免不了要偷偷看，为此不知被老师批过多少次。

批过了也就批过了，小黑并不长记性，老师一转身，他又抽出桌洞里的书来读。

阅读量大，作文课上多少同学为一个作文题目绞尽脑汁也找不到几个可写的词儿时，小黑下笔如有神助，洋洋洒洒，却是该转时转该结时结，一篇文章下来，妙语连珠，常常看得语文老师击节赞叹，有时候甚至会在心里犯起小小的嘀咕，这么棒的作文，能是一个初中生写出来的吗？

课外书读得多有什么用？考试时又不考那些课外书。光作文成绩好有什么用？其他科学不好一样进不了重点高中升不上一所好大学。小黑妈妈去开家长会，拿着小黑的阴晴两重天的试卷直皱眉头，她在考虑要不要把小黑的课外书统统给他收起来，然后去给他找补习老师恶补理科科目。没有全面均衡的发展，孩子就无法顺利进入一所好的高中，不能进入一所好的高中，要想升入一所好的大学就很困难，而今巨大的就业压力，把多少孩子就那样埋在书堆里。面对中国目前的教育现状，相信很多家长面对孩子的这种状况都会着急。

小黑妈妈去找小黑的数学老师，希望他能私下里给小黑开些小灶，没想到那位数学老师这样说：我非常理解你们做家长的心情，但据我这两年的观察与实践，我发现小黑同学在数学方面确实很欠缺，主要的原因是他的兴趣不在这里。对这样的学生，我的观点是，尽量往他感兴趣的方向培养他，至于他的数学成绩，我们只要求他努力保持现状，别太扯他的总成绩的后腿就好。当然，在平时的授课中，我会根据他的实际情况给他相应的练习与辅导。

那位数学老师是这么说的，也是这么做的。他从来没有觉得小黑在他的课上读其他课外书是大逆不道，相反，有时候，他会鼓励小黑读更多的书。那倒让小黑不好意思了，数学课上，他乖乖地收起桌洞里的课外书，认真听老师讲课，尽管老师讲的内容他有很大一部分没兴趣，甚至听不懂。

见小黑的数学老师都如此说，小黑的妈妈不再对小黑读课外书的事耿耿于怀。她遂放手由了小黑，只在小黑读书的过程中把握住一点，绝对不允许小黑读那些歪书坏书。

学校一年一度的校园文化节又来了，小黑参加了读书知识竞赛，以绝对的优势捧回“读书冠军”的奖杯。尽管，在别人的眼里，那样一个小小的奖杯，与物理化学竞赛奖的奖杯无法比，与那些优秀三好生优秀班干部的证书没法比，小黑还是因此大受鼓励。而小黑的班主任也就是小黑的那位数学老师的话更给小黑注入一剂兴奋剂：你是博览群书的学生，又得到了这么好的荣誉，以后在各方面更要严格要求自己了。其实，在老师的眼里，爱读书会读书的孩子没有一个搞不好学习成绩的。学会读书是一个人终生受用的一项本领。

老师说完那一句，笑笑转身走开了，小黑却半天怔在那里。激动得两眼放光。这样的评价要从小黑的语文老师嘴里说出来，他一点不觉得奇怪，从数学老师嘴里说出来，就太不可思议了。

小黑大概就是从那天起，下决心要把各科成绩都提高一个档次的。对小黑来说，那也许是一个漫长而又艰辛的过程，但好在他总算意识到了。那便是一个良好的开端。此后的小黑，在缓慢地往前进步着，初中毕业，他如愿进了自己心仪的高中，掀开了新的一页。

英雄可以有很多种，战场上轰轰烈烈战功赫赫是英雄，平日里默默无闻坚守美好是英雄。考场上信心百倍挥洒自如是英雄，考场外能勇敢面对真实的内心，也是让人敬仰的英雄。

7 小英雄成功

在接管那个班级之前，她把班上所有学生的档案资料都调出来看了一下，看到他的资料卡名字一栏里用很黑很粗的美术体写着“杨成功”三个字，像对谁示威一样。

她冲着那名字就乐，说这学生有点个性。对面坐着的是一位女同事，她嘴巴一撇在鼻子里哼了句：“嗯，你说得真对，到时候你就能领教他的个性了。”

给他们上第一节课，她心里还稍稍有些紧张。站在教室门口，强迫自己冷静。扶了扶鼻梁上的眼镜，故作轻松地跳上讲台：“起立!”一句“起立”把全班学生喊愣了，她自己却从脸烧到了脖子。站在那里，竟然不知所措。片刻的冷场后，学生们笑得前仰后合，教室里桌子椅子一片稀里哗啦声还夹杂着长短不一的口哨声。那最尖厉悠长的一声是从教室最后一排的角落里传过来的，她循声望过去，看到那儿有个黑黑胖胖的男孩子，兴奋得用双手使劲敲打桌子。

他就是杨成功，她看过他资料卡上的照片。

她抹了一把额上的汗，笑笑说：谁是班长，我想篡权！然后转身在黑板上写下自己的大名。身后的笑声渐渐平息下来，她也开始了自己的第一堂课。实在很巧，那天她讲授的课文题目是《好兵不一定都当元帅》。在黑板上写下这个题目时，静静的教室里突然响起几声突兀的拍掌声。那声音又是来自那个角落，他夸张地拍巴掌不说，嘴里还振振有词："说得太对了，太好了，太有道理了！"想来，那篇文章的观点真是说到他心里了。只是他不知道，从来没有一个老师把他同好兵联系起来。听说从小学到中学，他一直在老师的视线之内心房之外。因为他总能不断地制造出一些小麻烦，让那些接管过他的老师防不胜防。可他的成绩又不得不让人把他放到一个最不起眼的角落里沉默着。他一直稳稳地在班级中偏下的位置上坐着。

接下来的课堂上，他时而抬头盯着黑板，时而低头认真地在本子上记着什么，有时还做沉思状，反正一脸都是正经。他并没有那些老师讲得那么调皮。她想。

她是在讲课的间隙，走下讲台，转到他桌子边时才发现他的大作的。大半堂课，他抬头看黑板低头记"笔记"，忙活的竟是一幅画儿：一个鼻梁上架着眼镜，嘴角有颗夸张的黑痣的女子，正端端正正垂手立在讲台上。画儿的旁边有个很醒目的题目：上课，起立！再往左下角看，是他杨成功的大名，是洋洋洒洒，欲振翅飞翔的草书。她轻轻地从他的胳膊底下抽出那张画儿，左右端详了半天，抬眼看他，他正用一种挑衅的目光看着她。

"嗯，画得相当不错，尤其这颗痣，抓住了人物特征，画得传神极了。我收藏了。"轻轻地把他忙了大半节课的"杰作"收起来，她重新回讲台，继续讲她的课。

三天后，杨成功跑到办公室对她说："我给很多老师画过像，你是唯一不撕破它也不向班主任告状的人。"

此后的课堂上，他再没有为任何一个老师画过肖像。

这并不代表他从此就洗心革面，开始做个好学生。

第一个月段考成绩出来，他败得很惨。数学竟然没考及格。他辩解说考试时自己正感冒，睡着了，有试卷上的口水作证。他头一次把自己放得很低，赖在办公室里不走，他求数学老师不把试卷拿给他的父母看，或者答应替他签一下字。老师当然不会答应。

他的父亲，怒气冲冲找到学校来了。说这是哪个不负责任的老师，满篇试卷上是红叉子还给打上个大大的“93”分，不明摆着是对孩子不负责任吗。数学老师一听有点回不过神来。拿过来一看，老师的鼻子都气歪了：“你们回去好好问问自己的儿子吧，他真有本事，愣把“53”改成“93”，你们也行，愣是看不出来，还来找我们。”杨成功的父亲闻听此言，绿着脸就冲出了办公室。

第二天，杨成功又来上课时，左半脸还是肿的。

办公室的同事们都说，杨成功这学生，没的救了，学习不行人品还有问题。听这些话时，她的心竟然钝钝地疼了一下。因为只有她知道，他急切地要那个“93”分，是因为他有个重病在床的奶奶，奶奶最大的心愿就是在临终前看着心爱的孙子能考个好分数。可他做不到，就想到了那个歪主意。

杨成功后来成为英雄，完全是一次巧合或者说是机遇。星期天他到外面去转，回家的路上突然遇上大雨。好在，他带了雨伞。一位年过花甲的老妇人，也许是雨天路滑又走得太急，正摔倒在路牙子上。风雨中路人行色匆匆，却少有人敢上前问津。杨成功几乎想也没想，上前就给老人打开了雨伞，雨大风急，他几乎将整把雨伞全移到老人头上，自己身上那件白色的T恤已淋得透湿。他急切地央路人为老人拨打120电话……那一幕，恰好被一位过路的县台记者看到。

他就那样稀里糊涂地成了英雄。县电视台、县报社都找上门来要采访他。老师们却犯了愁。这个英雄的过去，实在不好挖出闪光的东西来。他们也只能教他尽量往好的方向说。他糊里糊涂地答应了。可等他面对面前陌生的镜头时，他完全慌了，把老师们教他说的话全忘记了，磨蹭半天，他才断断续续地说：“我……我并不是你们想象中的英雄，我……我学习不好，在学校常惹老师生气……我在家里也不让爸妈省心。那天，那个老奶奶摔倒了，她长得很像我奶奶，我奶奶已经不在了，我很想她……”他的眼泪流下来。

镜头后面的工作人员有片刻地静，是一种略带尴尬的那种静。既而有人长长地喊了一声“好——”，一阵热烈的掌声响起来。

“你是英雄，是真正的小英雄。”那天，采访结束，她破天荒地向他张开了怀抱。那一刻，杨成功的脸上是一片纯净而略带羞涩的红。

8 她值得我们欣赏

在生活中，每一个人都渴望得到别人的欣赏。同样，每一个人也应该学会去欣赏别人。欣赏与被欣赏是一种互动的力量之源，作为一名孩子，比成人更加渴望得到别人的欣赏。面对孩子渴望的目光，作为一名老师，更应该懂得去欣赏自己的孩子。

那年他刚刚从师范学校毕业，分配到一家小学当语文老师。

他接手的那个班里有一个小女生，是班上成绩最差的一个。她总是拖着长长的鼻涕，小脸儿上抹得黑一道白一道，开口讲话时，常常含糊不清。她是一个很容易引起人的注意却又最容易被人忽视的角色。没有哪个老师同学会喜欢她。

学校每周一要举行升旗仪式，被选为升旗手的小同学，会在全校同学们羡慕的目光里，光荣地走向升旗的地方。为了激发同学们的热情，升旗手，每隔一段时间就要换一次。学生们只有各方面的条件达到了，才能当选。

那天，那个拖着长鼻涕的小女生，羞涩地找到他，问她要如何才能成为升旗手。因为从一年级到四年级，她从来没有得到过那样的机会。望着那对清澈热烈的眸子，他的心像给什么猛然刺了一下。那次，他告诉她，只要她做个热爱学习，热爱集体的好孩子，一样会有机会的。小女生听了，高兴地咧开嘴笑了。

从那以后，她总是第一个到校。满院子里捡拾纸屑、果皮，因为老师讲了，要爱集体，首先要从爱护校园里的一花一草开始，要维护校园的环境。为了能让自己更有机会登上升旗台，小女孩甚至把捡拾的垃圾装好拎进了教室。为的是让老师同学们能看到她的成绩。是的，小小的心里，总是有着一份不为人知的虚荣心。

很快，又到了评选升旗手的日子。同学们踊跃举手发言，推选出自己认为最合适的升旗手。全班四十几个同学，竟然没有一个提到她的名字。她的头，慢慢低下去，泪水就在那一刻迅速涌出眼眶。看来，她真的与升旗无缘，谁让她那么笨，把成绩搞得那么糟糕呢?

“大家还忘了一个名字，是我们班上的徐晓晓同学，她也完全有资格与大家同台竞争。”等班上七嘴八舌的争论渐渐平息，他含笑在黑板上写下了一个大大的名字：徐晓晓。她抬起头，正遇上老师亲切的目光。班上一阵哄笑：“她？她怎么能当选?”“她为什么不能当选？她每天是第一个来学校的，把我们校园里的纸片都捡拾干净，她认真读书，热爱集体，有上进心……”她简直不敢相信，那一连串美丽的字眼是可以用在她身上的。“可是，她太虚荣了，为了能得到升旗的机会，她把垃圾先拿到教室来，还不就是为了让大家看一下。她还是不能当选的。”又有同学提出异议。

“可是，同学们，你们不觉得她的这种虚荣心，其实有多么的可贵吗？如果你们每一个孩子都有如此的虚荣心，我照样会欣赏你们！她值得我们欣赏！”台下安静下来，同学们扭转头，把赞许的目光投给了她，能得到老师的欣赏的女孩，一定是很棒的。

那一次，她如愿以偿，终于做了一回光荣的小升旗手。

也是从那一次开始，她明白，不论是谁，哪怕再平凡普通的人，身上都会有闪光的地方，都值得别人欣赏。

多年后，当她一步步，如一只先飞的笨鸟，上中学，进大学，从大学再跻身于成功人士的行列，回首来时路，才发现，一路走来，她竟然从来没有忘记过小学老师的那句话：“她值得我们欣赏！”为了让自己真的有让人欣赏的地方，她付出了最大的努力。结果，她真的做到了。

这个世界上，最多的还是那些默默无闻，处在塔基或者塔中的人，他们善良，正直，勤恳工作，他们热爱生活，热爱大自然，尊重身边所有的弱小，手挽手搭起一座辉煌美丽的世界之塔。他们才是这个世界的魂。

9 我为动物狂

炎炎夏日的正午，整个家属区里都静悄悄的，人们都躲在屋里纳凉午休。女孩林林急匆匆地往屋里跑，去喊爸爸。林林在家属区的公厕里发现一只可怜的小狗，小狗掉到墙外的化粪池里，正在那里呜呜地悲鸣。

夏日的化粪池，不用想也知道那里面的情形该有多恶劣，一只小狗，之前跟他们没有任何关系。林林爸爸听林林讲完，眉头不由轻轻皱了一下。

“快点帮帮它吧，爸爸，不然，它就要死了。”林林的大眼睛里，大颗的泪珠滑下来。

爸爸心软了，起身，找工具，跟着林林一起，去女厕所。那只可怜的小家伙还在，浑身的毛被池里的粪便浇透了，看不出什么颜色，但能看出那是一只个头不大的小狗。不知它在那里挣扎多久了，那会儿，小狗已经没有力气再作徒劳的努力，它一动不动地待在那里，“呜呜”地哭……

林林和爸爸带着那只浑身散发着恶臭的小狗回家，一遍又一遍地给小狗冲洗，洗浴香波用掉了大半瓶子，小狗终于露出本来的面目。一只毛色雪白的小京巴狗儿，眼睛水汪黑亮，在林林的手底下瑟瑟抖着。

它在那个臭气熏天的化粪池里待得太久了，受了过度的惊吓，出来又被一遍一遍地洗，许是受了凉。林林怕小狗感冒，去找她平时吃的感冒冲剂冲了给它喝，小狗摇头不喝，林林也不恼，又去找来一包牛奶，把那些药冲到牛奶里头。这一次，小狗很乖，把半杯掺了感冒药的牛奶全喝下去了……

那只吃饱喝足养足了精神的小狗，没等毛发全干，就急匆匆地从林林的怀里跳下来，跑了。之后，林林曾经在家属区的小路上又看到过那只小狗，跟其他小狗一起在草地上打滚嬉戏，林林唤它，它停下来，好奇地歪着脑袋冲林林看一会儿，掉头又去玩自己的了。也许，它早已把这个小救命恩人忘记。但林林的心里依旧高兴无比。

冬天的傍晚，林林和爸爸妈妈一起到郊外小路上散步，走着走着，一只趴在路中间的猫儿就吸引了林林的视线。那是一只黄白相间的成年猫，那会儿正有气无力地趴在路边上呻吟不止，嘴角堆着一大堆白沫子，一只腿上还在汩汩地向外渗着血。

那是一只被药倒的猫，趴在路上又被过路的人或者车子轧伤。林林一眼就能判断出来。那天的散步就此中止，林林和爸爸抱着那只猫飞快地往家跑。到家，来不及喘口气，找出工具就开始给那只猫治疗。先给它灌些绿豆汁将它体内的毒解掉，再为它清洗伤口包扎。做这一切时，林林的动作已经很熟练，颇像一位经验丰富的小兽医。

也是，那时，十二岁的林林已经是一位资深的小动物保护协会会员了。

那一次，林林又一次和爸爸努力将那只濒临死亡的小猫从死亡线上给拉回来。

这个叫林林的女孩，是我们在黄陂家属区时的一位邻居，她与我们住一栋楼，就住我家隔壁。那时，因为她酷爱小动物，放学路上，外出路上，见到可怜的流浪狗儿流浪猫儿，总是忍不住把它们带回家里来。为此，林林的妈妈苦恼不已。家里住的地方本来就小，再加上那些小成员的到来，越发显得拥挤不堪。可他们却不忍心拒绝那样一颗对生命充满仁爱与敬畏的幼小心灵。

这个长相平平，学习成绩平平，平日里不声不响背着书包穿梭在家与学校之间的孩子，我们从来没听说过她在学校得到什么奖励，相反，母亲们坐到一起七嘴八舌谈起孩子的学习成绩时，林林的妈妈常常沉默一旁。孩子中等的成绩，没有让她到痛心疾首的地步，也没有让她觉得有丝毫可以炫耀的地方。

可是，林林，多么可爱的孩子啊，在我眼里，她就是小天使，你们该为有这样一个天使般的女儿幸福自豪才是。我把这样的话送给林林的妈妈时，她吃惊得要命。从来没有这样的赞美之词落到林林的头上。可我说的却是真心话。

我看到过几次那孩子在给家里的猫猫狗狗洗澡，一双小手轻轻柔柔，嘴里絮絮叨叨跟盆里的小动物说着话，眼眸里那股深情让人感动。那会儿，她多像一个从天而降的天使，洁白的翅羽上挂的全是晶莹的爱。

看过太多的伤害与荼毒了，成年人对大自然肆意地掠夺与捕杀，不谙世事的孩子也跟着模仿。曾经在家属区的小路上，看到过一位不满六岁的男孩子，拉着一只可怜的小鸟儿在草地上跑。男孩儿长得白胖可爱，面如满月，可你看他的眼睛时，却不由生出一种浓浓的担忧来。那两泓原本应该蓄满纯真的泉，竟然只有漠然与杀气。看着那只在他的手底下垂死挣扎的鸟儿，他只有满心的欢喜和自以为是的得意。那是一个强者面对一个弱小生命的鄙视与冷漠。多么可怕啊。再看眼下网上流行的那些虐猫虐兔的视频，看得让人不寒而栗。想来，那样一颗充满邪恶的种子，应该在那些人的童年里就早早地种下去了。

还好，我们的身边还有林林这样的孩子，还可以让我们对未来充满温暖的期待。

这个世界，像一个巨大的金字塔，塔顶是精英，他们站在世界的至高点上，挥斥方遒，指点江山。天下父母，皆愿不遗余力，将自己的孩子送至那样的塔顶。然而，这个世界上，最多的还是那些默默无闻，处在塔基或者塔中的人，他们善良、正直，勤恳工作，他们热爱生活，热爱大自然，尊重身边所有的弱小，手挽手搭起一座辉煌美丽的世界之塔。他们才是这个世界的魂。

10 储蓄罐里的小秘密

歌德说：哪个男子不钟情，哪个少女不怀春。少男少女的心事，甜蜜，携带着一份躲躲闪闪欲说还休的羞涩与惊慌，如一只受惊的小鸟扑棱棱栖息在青春的枝头。我们，曾经如他们一样从那条路上轻轻走过的人，给他们的应是理解和悉心的引导与呵护。

老师打电话来，电话里欲言又止，我的心就开始有点慌。老师一定有什么不好讲的话要对我说。果真，犹豫片刻后，老师终于开口："实在抱歉，我觉得孩子好像跟一位男生在谈恋爱了……现在是很关键的时候，孩子的任何分心都可能导致她的成绩下滑，我想我们需要家长的配合……"

我最担心的事还是发生了。女儿早恋了。

放了电话，最初的反应跟大多数妈妈的反应差不多，惊慌，愤怒，又一时无所适从。初三上学期了，还有不到一年就要面临紧张的中考，却在这节骨眼儿上开起小差来了。

怎么办？果断找她谈话，义正词严告诉她这个季节初恋的危害，让她悬崖勒马？还是睁一只眼闭一只眼只当什么也不曾发生？似乎都不妥当。孩子的性格，我最是了解，那样做的结果只可能会把孩子推到离自己更远的地方去。

倒不如先慢慢观察一段时间再说。我决定先不急着挑明，却在私下里多用了一份心思。稍一用心，还真看出一些不同以往的门道来：她以往进屋从不反锁门的，那些天一进门第一件事就是关门锁门，以往大大咧咧从不讲究穿衣打扮的，那些天里开始注重这些，一天至少洗两次澡，书桌上还端端正正摆上了一面卡通小镜子。如果只有那些，我还不能确信她真的早恋了。让我对老师的电话确信无疑的，是某天我去给她收拾房间的时候，竟然从她的枕头底下翻出一大摞男孩子写给她的情书。

人证物证皆在，还有什么可说的。

手里握着那摞情书，我的脸热一阵凉一阵，心中有片刻冲动，想急急打电话将她召回当面问个清楚，犹豫再三，又放下了。这种事情处理不当，只会让孩子跟你反目成仇。很想看看那上面写了什么，又犹豫着不敢打开。心里却像开了锅。一直不愿意承认的事实终于被证实，我却失了方寸，不知道接下来该如何去做。

随手翻看了一篇，看那个男孩子满篇的稚嫩热情之语，心里气，最后又忍不住笑了。多么熟悉的青春气息啊。当年，班上那个小男生不也曾写过这样的情书给我吗？那个年纪的青春萌动，很正常的现象，不必大惊小怪。想通这些，心里复归平静。

那个上午，我耐心地坐在女儿的房间里把她收到的情书一张一张折叠，每一张都折叠成一只小小的千纸鹤，然后，找来一只可爱的心形储蓄罐，把那一只又一只载着孩子秘密的千纸鹤投了进去。然后，轻轻替她整理好房间，就走出来，像什么也不曾发生一样。

那天下午，她放学回家，第一件事就是急急忙忙地往自己的房间里跑。一会儿，又红着脸出来了，问：“妈妈，你动过我的房间吗？”

“是啊，我要给你换洗床单被罩，顺便替你整了一下跟个小猪窝一样的床。”我在厨房，很随意地大声回应。

“哦……妈妈……你动过我的枕头吧……”

“当然了。没看见它现在这么整齐吗？不感谢你老妈一下？”回头冲她扮一个可爱的鬼脸，发现小家伙已经急得脸发红了。

“谢谢妈妈……可是，妈妈……”她的脸更红了。

“哦，对了，忘记告诉你了。你枕头底下的那些信，我都给你折成千纸鹤放到那只心形储蓄罐里去了。那是你青春的回忆与财富，不能到处随手乱丢的。等你长大了，你可以再取出来看一下……以后，再有这样的信啊，小纸条啊，你直接都放里面存着就好了。那个小储蓄罐就是妈妈专门找来盛放你的小秘密小心事的，妈妈保证不去干涉你。当然，如果你愿意与妈妈一起分享你的苦恼与小甜蜜，妈妈也非常乐意……”

“妈妈，你都看了那些信吗？是我们班上一位男生哦，一直给我写信，我也不知道怎么办？”见妈妈不风不雨不疾不徐，她紧悬着的一颗心终于慢慢放下来。她走到我身后，伸出双臂轻轻抱住了我的后背。

“妈妈，你不会怪我吧？我真的不是故意的……”

我没回头，脸上却露出欣慰的笑容：“妈妈看过一封，发现是男生写给我家宝贝的情书，妈妈就一张张替你收起来了。孩子，不用这么紧张自责，有男孩子喜欢，说明我家女儿长大了，我家女儿还很优秀，妈妈替你高兴还来不及呢。也不用觉得自责，妈妈也曾从这条路上走过，这个年纪的少男少女，有这样的心思也是正常的，是美丽的……”

那天晚上，我和她并排躺在她的大床上，母女两个聊到很晚。她终于愿意向妈妈坦承自己那些天在学校经历的一切：她与班上一位成绩不错的男生递纸条传信，她上课的时候老是忍不住开小差眼睛瞟向男生的座位，她心里有一种从来没有过的甜蜜心情，却不知道那样的心事该不该有，她回家害怕面对爸爸妈妈的眼睛，觉得自己在做着一件对不起爸爸妈妈的事情……说到最后，她躲在我的怀里轻声地哭了。

没有指手画脚的指示，只有静静的倾听；没有严厉的呵斥，只有温情的理解。总之，面对怀中小女儿的倾诉，我没有如临大敌的恐慌，我只频频告诉孩子，那是青春期的男孩女孩少不了的一堂课，关键是看个人如何来对待来安然走过。

孩子的倾诉，让我想起二十年前的自己。同样的甜蜜与慌乱，同样的快乐与迷茫，却不曾有人同我一起分享分担……

“孩子，我只给你提一点建议，别让一朵花在早春季节轻易提前开放，那样的花，因为不按季节时令开，其命运多是夭折无果。别在这一段青涩的季节里，让这份美丽的情感成为你前进路上的羁绊。这一段青春的路，正确对待平安走过，会是你一生里的美好回忆，处理不好，陷身进去，便是一片可怕的沼泽。妈妈愿意带你穿过这片青春的沼泽地，只要你愿意。”如果说这算是妈妈给一位早恋女儿的忠告的话，这是那天晚上我给她讲的唯一的一席话。

“妈妈，我知道该怎么做了。”那天晚上，向妈妈倾诉了所有的心事，她在我的怀里甜甜地睡去。黑暗中，我轻轻拍打着她的后背，听她轻微的鼾声均匀地响起，庆幸自己以那样的方式，很冷静理智地帮孩子挥去眼前的迷雾。

那个心形的储蓄罐，就放在她的桌案上。正如我期待的那样，她开始不断地往里面盛放她的小秘密小心事，有时当着我的面，就把一只折叠好的千纸鹤轻轻投进去。她在那里写了什么，我不知道。但我却发现，那个活泼快乐、好学上进、乖巧听话的女儿又回来了。

11 走出自卑的泥潭

凌凌是我在网上认识的一位小朋友。说她是小朋友，也仅是相对于我们之间的年龄差异来说。我认识她的时候，她已经是一名大一新生。

凌凌喜欢看杂志，经常在杂志上读到我写的文字，遂输入我的名字在网上搜索，顺着我的博客地址找到我，留言，发纸条，彼此就慢慢熟悉起来。凌凌是一个很活泼也很有思想见地的孩子，每次我在博客里贴了新的博文，她都要在后面写一长段感慨，时犀利，时温和。因知她是个比我女儿大不了多少的大孩子，对那些评论，我多一笑而过。

那天在博客里贴了一篇关于与青春期女儿对话的文章，凌凌在文章后面评论："阿姨，你让我想起昨天的妈妈，当初她就是跟你一个腔调，我曾经多么厌烦的一种腔调啊。可是今天，看到阿姨对自己女儿说出的那些话，我忽然有种想落泪的冲动，我想念千里之外的妈妈了。这就去给她打电话。"

看到那条评论的时候，我的心里也轻轻疼了一下。天下父母心，天下儿女情啊。

"愿意让我分享你的成长故事吗？我正在写着一本关于青春期女孩的书。"我在 QQ 上给她留言，几秒钟后，她那个粉红色的卡通兔子头像就从电脑右下方一闪一闪跳出来："当然非常愿意啊，您想知道什么，阿姨？"

“随便聊吧，就讲讲你的青春期，曾走过怎样的路？是否与一般孩子所走的路相同或者更精彩？”

“呵呵，那我就真的讲了，阿姨。不过，你得答应我，写出来的时候一定不能用我的真名字。”

她给了我“凌凌”这两个字，说是让我在文章里就用凌凌这个名字。下面就是凌凌通过QQ发给我的她的故事：

我爸爸妈妈都在大学里教书，我该算是出生在一个高级知识分子家庭里吧。可我却一点也不曾遗传爸爸妈妈的优秀基因。我爸爸智力超常，人很儒雅幽默，我妈妈在大学里教英语，年轻时曾经是他们学校里的系花。可你知道我是什么样子吗？我长相平平，连妈妈的一半漂亮都没有；我成绩不好，从小学到初中，在班上一直不上不下，中游的水平。爸爸妈妈为此也曾着急过，他们曾经为我请了很多辅导老师，想把我的成绩提高上去，效果却不明显。可我读高中时，还是沾了爸爸妈妈的光，虽然中考成绩不理想，还是以教师子女的身份光明正大地进入爸爸妈妈所从教的师大附中去读高中了。师大附中，在我们那个城市，算是最好的高中了，那里可谓人才济济。我原本就不太好的成绩，到那里，几乎被垫到最底下去了。我跟爸爸妈妈提出要转学，转到旁边普通的中学去。要强的妈妈却一口回绝了，她说她宁愿让自己的女儿在那所重点中学里做凤尾，也不要她到普通中学做鸡首。我只好再在那所学校待下去。

那两位女生在走廊上的聊天内容，我是无心经过时听到的。那一番对话却从此将我打入黑色的漩涡。她们的名字，我不想说了，就说女生甲女生乙吧。

女生甲说：听说她的爸爸妈妈都是师大大名鼎鼎的特级教师。

女生乙说：是的。看不出来吧。可她爸妈的优秀基因一点都没在她身上看出来哦。

女生甲说：一般情况是这样子的，物极必反。孩子的父母如果过分优秀，生出的孩子往往不是呆子就是傻子。

女生乙：哈哈……

女生甲：哈哈哈……

她们当时还想接着往下说的，看到我走过去，就打住了。我想停下来找她们理论的，眼泪却不争气地流下来。我捂着脸跑了。

从那以后，我就有了一块心病，我喜欢偷偷地照镜子，看着镜中那个眼睛小，鼻梁矮，肤色偏黑的自己，我觉得自己丑陋得像一头猪，恨不得把镜子摔碎。可过不了几分钟，我又会重新把镜子拿起来，试图从中找到让我欣喜的发现。我开始害怕走出去面对同学。下课了，女生三五成群到外面操场上去玩，唯有我独来独往。更让我痛苦不安的是，我无法面对她们在一起窃窃私语的情形。我怀疑她们一定又是在讲我的坏话。

那种情形越来越严重，到高二下学期，我的成绩已经由原来的中偏下落到后几名里。我的健康状况也越来越差。整夜整夜睡不着，一合眼睛就被种种的噩梦纠缠。那时，爸爸妈妈都在忙碌着各自的工作，根本无心关注我。我的成绩，已经差不多让他们对我绝望。

如果不是爸爸发现我胳膊上一道又一道的划伤，他们估计还意识不到问题的严重性。那些伤，是我用小水果刀一刀一刀划下去的。那种肉体的疼痛可以让我减轻心灵的疼痛。爸爸看到它们，眼眶儿一下子就湿了，他握着我的手对我说："孩子，对不起，爸爸和妈妈太过关注自己的事业，却忽略了你……"

让我从那所就读的中学休学一年，是爸爸妈妈认真考虑之后做出的慎重选择，爸爸还同时做了一个对他来说相当艰难的决定，他放弃了去国外深造两年的机会，专心在家陪我。那一年，是我生命中很难忘的一段岁月，爸爸妈妈放下各自手头的工作，带我去医院，带我走进大自然。我的生活中不再有考试，不再有让人压抑的分数，其间，爸爸当然也没让我完全荒废自己的学习。他会找一些比较让人心静的书陪我一起读。在那一年休学的时间里，我读了很多以前没有机会读的中外名著，眼界心胸都因此慢慢变宽。妈妈想尽办法为我调理身体，在她的精心呵护下，我的脸色也慢慢恢复原来的红润。

那一年的休学时光，让我失去了一些，但更多的是收获吧。在那一年里，我在爸爸妈妈的教导下，慢慢学会正确审视自己。我找到自己最大的心结所在，我是被一份浓浓的自卑情绪包裹住了。其实，回头想想，那两位女生说的难道不是现实吗？我的爸爸妈妈确实比我优秀。我为什么就在那一刻钻了牛角尖呢？

先相信自己，然后别人才相信你。屠格涅夫说，对于凌驾命运之上的人，信心是命运的主宰，海伦·凯勒不但是这么说的，也是这么做的，所以她成为一名黑暗中的舞者，舞动出一份常人都难以企及的精彩。在那一年里，我不断被这些人的故事激励着。另一方面，我也开始明白自卑并不是一无是处，因为自卑，能让人清楚知道自己的不足，能沉下心来低下头来脚踏实地做事。可惜，这一切，我以前不明白。

休学一年以后，我主动提出要回学校读书的。留了一级，跟高一新生从头再来。因为心态变了，学习起来也不再有那么大的压力。尽我所能，问心无愧就好了。三年后，我就考上了现在的大学……

看完凌凌发过来的这篇洋洋洒洒的文字时，坐在电脑前的我唯有用震惊二字来形容自己的心情。这一份青春的疼痛暗伤，让曾经在黑暗中挣扎的蛹破茧成蝶了。她的文字如此条理顺畅，她的思想如此深刻清晰，她的生活态度又是如此的灿烂阳光。

我为凌凌祝福，也愿所有曾经像凌凌一样被自卑纠缠的孩子们，最终会如她一样，走出自卑的泥潭，轻装上路，一路披荆斩棘，直达自己所追求的梦想彼岸。须知，在这个世界上，只要自己不看低自己，就没有谁可以将你看低。自尊自信，是助你走向成功的两大精神支柱。

是中等生，也面对这个现实，渴望进步是每个孩子心中一颗最美的种子。那么，就请悉心呵护它，为它浇水、施肥，让它陪你慢慢长大。没有谁的一生会被注定，今天的优等生，明天的落伍者，今天的中等生，明日的佼佼者，这都有可能，关键在于你自己如何选择如何做。

第四章 你在为谁学习——中等生如何提升自己

1 为谁学习

理想是人生路上的指路明灯，没有这盏灯，你将站在人生的路口无法看清前行的方向；理想又是人生之航船上的帆，没有这挂帆，你就没有办法在人生长河里破浪前行。

孩子，你的理想是什么？你在为谁学习？你是否静心思考过这个问题。

新学年开始了，沈阳东关师范学校魏校长在课堂上向学生提出这样一个严肃的问题：读书是为了什么？台下同学的回答五花八门，有人回答：为明礼而读书。也有人回答：为光耀门楣而读书。魏校长环视教室一周，目光最后落在最后一排的一位学生身上：这位同学，现在你来谈谈为什么要读书。

“为了中华之崛起而读书。”那位男生站起来极庄重地回答。男生有着极浓重的南方口音，魏校长一时没听清楚，男生又沉着有力地大声重复了一遍：“为中华之崛起而读书！”

这个男生就是周恩来。这一句话，被多少学校挂到教室的墙上，作为对学生们的激励。

为谁学习，很简单的四个字，却未必每个人都清楚，有人终老一生，浑浑噩噩地过了，都不曾想清楚这个问题，何况尚未成年的孩子？

跟很多家长聊起来，他们都为一件事感到头疼：孩子很聪明，就是不爱学习读书，每天拿起作业本来，就满脸委屈愁苦，好像在应付公差。如此被动地去学习，学习成绩也就可想而知了。

好友百合的儿子今年六年级，说起来也是一个很乖巧的孩子，心地善良，在家听爸妈的话，到学校里也是老师眼中的乖学生。可让妈妈头疼的是，孩子的成绩一直上不去。为提高孩子的成绩，她也曾尝试各种办法，自己给儿子开小灶，报课外辅导班，效果均不明显。

“他读书，手上捧着书本，嘴里念着课文，心却不知跑哪儿去了，这边刚刚念过去，回头问他，他自己不知道念的什么。他写作文，只关心纸上的字数写得够不够，至于写什么写成什么样子，他不去管。考试成绩下来吧，又一副很可怜的样子，说，妈妈，对不起，下次我一定给你们考个好成绩回来……让人真是急不得气不得。”

像百合的儿子这样的孩子，在我们的身边有太多了。在这些孩子的心里，学习就是他们的一项工作，且是为别人而做的一项工作；完成作业是为了老师，老师的工作就是给他们布置作业批改作业；考好分数是为了父母，好分数可以让父母脸上有光。他们的心里，唯独缺少自己那一个环节。他们无法体会到为自己而学习的快乐。

所以，那天，百合让我帮她出招儿，我就给了她这样一句话：首先第一要紧事，你得让孩子明白他在为谁学习。明白为谁学习，就是让孩子把学习的动机搞清楚，正确的学习动机会产生无穷的学习兴趣与动力。

这是一个人人都在忙的时代，成人忙着追名逐利，孩子忙着为考一所理想的中学、大学奔波。理想，已经变成悬在书本里的一盏灯笼，看上去明亮诱人，却又虚无缥缈。很多人，已经不屑于或者羞于再谈理想。想来，这是一件多么悲哀的事。

少年时代的周恩来说：为中华之崛起而读书！毛泽东在年轻时给一位朋友写信：真正的立志是要掌握真理，然后去实现真理。为了中华之崛起，为了去实现真理，他们终身都在孜孜不倦地学习。他们是有高远理想的一代人，也是为了自己的理想奋斗终生的人。今天，若我们再把这样的理想挂在嘴边教育孩子，不光孩子会觉得不适应，自己也觉得说得太过空大了。可我们还是得教孩子做一个有理想的人。理想是人生路上的指路明灯，没有这盏灯，你站在人生的路口将无法看清前行的方向；理想又是人生之航船上的帆，没有这挂帆，你就没有办法在人生长河里破浪前行。

孩子，说远一点，你的理想是什么？说近一点，你在为谁学习？你是否静心思考过这个问题。

为自己学习。这该是每一个坐在课堂里的孩子首先要明白的一个最浅显的道理。

有一技之长，能自食其力，是一个人在这个社会上生存立足的第一要义。为自己将来能在社会上有立足之技，今天的你就得认认真真脚踏实地从最基本的知识学起，甚至要忍受那些自己不喜欢的枯燥科目。人生就像盖楼房，你渴慕高楼上高瞻远瞩的那份畅意，就得忍受打地基时的苦累与沉默。再辉煌高大的高楼大厦也是从地下一砖一瓦慢慢垒起。学生阶段就是打地基的时期。

有一份自食其力的工作，一份安稳的物质生活，还要有自己丰富的精神家园，这样的人生才会更加精彩纷呈有意义。这份精神生活哪里来？学习中来。读好书，识良友，阅人世，读山水。学习应该是一种跟随人终生的能力。

我在读我国著名书画家范曾先生的书时，读到他写自己这些年的学习经历，很受震动。范曾先生今年已经七十多岁，却仍然坚持每天早晨五点钟起床，读书两个小时后再开始早餐，外出锻炼。他的这一习惯已经坚持了几十年，从未间断。知道这些，你就不会为他在事业上所取得的那些成就而觉得惊奇，他的书法，他的绘画，他的散文，在各自的领域内都堪称一流，他能面对记者的镜头不停歇一口气将屈原的长诗《离骚》背下来，竟然一字不差。读书学习，在他来说已经不是博取功利的手段，而是他生命中不可缺少的一部分。

爱学、好学到这种境界时，相信，就没有什么能难倒我们的事了。

2 老师，您好

一个学生，对老师最好的爱，莫过于对他们劳动的尊重与肯定。

近来上网，频频读到一些让人触目惊心的消息。某某学校的老师因为学生不听话，竟然在课堂上给学生下跪，某某学校的学生在课堂上公然把老师打伤……师者的尊严，在这些让人心痛的现实面前已消失得荡然无存。

师者，所以传道，授业，解惑也。一千多年前的古人已给师者作了如此简洁精确的定位。每一个人的成长道路上，都离不开师者的辛苦培育，而尊师也应该是每个人乃至整个社会的良好传统。在人心浮躁的今天，尊师这一话题却显得越来越羸弱。

可是，孩子，我还是要从你们背起书包走进学校的那一天起，就告诉你们，要敬重你们的老师，见到老师，认认真真喊一句“老师，您好!”，不要仅仅让这一句话流于形式。

你们在妈妈的怀抱里长到六岁七岁，之后，就背起书包，离开了妈妈的怀抱，一步步走进校园的深处。从此，与你们朝夕相处的是你们的老师。他们站在讲台上，教你们学会写字，教你们学会读书，教给你们一些基本的为人处世的道理。他们也会在爸爸妈妈不在你们身边的时候，给你们知冷知热的呵护。有人说，父母是孩子的第一任老师，我则以为，老师可视为你们的第二任父母。他们把你们从父母的手里接过去，从此风雨无阻，一路陪伴着你们健康成长。你们，须从内心里来尊敬爱戴你们的老师。

尊师则不论其贵贱贫富矣，《吕氏春秋·劝学》中如是说。回望历史深处，多少英雄豪杰，都是尊师的典范。宋代民族英雄岳飞，幼年丧父，家境贫寒，无钱读书。有位叫周侗的老师非常喜欢他，免费收他为学生。周侗不仅教育他如何习字做人，教他树立爱国爱民的远大志向，还教他习武射箭。后来，周侗老师去世，岳飞将他当父亲一样安葬。每到初一、十五，不管岳飞到什么地方都会祭拜老师。在痛哭一番之后，他必定会拿起老师所送的300斤重的弓，射三箭才回去。

自称“五百年来白话文第一”，曾经“闻人无数，告人无数，斗人无数”的台湾作家李敖，在文坛内外不可谓不狂也，但他却有自己的柔情一面。与大陆故土阔别近60年，李敖万里迢迢回到北京后，第一个去隆重探望的就是他的小学老师。彼时，他的小学老师已是一位八十多岁的老人了，李敖见到老师，以师生之礼相待，单膝给老师跪下去，又恭恭敬敬给老师送上红包以表示心意。他的那一举动，让老师泪湿眼眶。他一生桃李无数，能在他寂寞的晚年里想起来他的已很是稀罕，想不到名气冲天的李敖倒来了，还对他施以如此大礼。李敖却对老师说：“巨木起于幼苗，大江源于溪流，饮水思源，学生原本就该感谢老师的启蒙之恩，栽培之情。”

如此深的师生情，让在场的人无一不受感动。

百年大计，教育为本。一个不重视教育的国家就没有未来与希望。说来，尊师重教是一个很宏大的话题，具体到我们的生活中，尊师也不过一些很琐细的事情。你们尊敬师长，团结同学。用你们的优异成绩对老师的辛苦付出给予最好的报答。认认真真完成老师布置给你的作业，尽最大力量吸收老师们教给你的知识，老师教给你的那些做人道理，你也慢慢将它们付诸现实。看到自己教的学生健康快乐地成长，就如一位园丁看到自己辛勤培育的果树慢慢开花结果，这些，其实就很让一位师者欣慰了。一个学生，对老师最好的爱，莫过于对他们劳动的尊重与肯定。

从学生自身来讲，尊师爱师，与老师关系融洽，对自身的成长发展也有利。

从学生时代走过的人都知道，课堂上，喜欢哪位老师的课，哪一科目就学得好，反之，看见哪位老师就头疼，那科学起来肯定费力。

“老师，您好!”孩子，让这样一种深情从你的肺腑深处真诚地发出来，于老师，是一种尊重一种回报，于你自己，则是串缀满快乐的音符，带你在知识的殿堂里畅游。

3 如何获得好人缘

晚上八点多钟，月亮已从东山后面悄悄爬上来。孩子写完作业，我也忙完手头的事，母女两个一起到学校的小操场上散步。

那会儿的小操场已静下来，只我们两个围着它一圈又一圈地走。一边走一边随意地聊。最喜欢那样的时刻，幸福，温馨。

我们的话题宽泛，从学校到家，从家到当前社会上一些现象，我希望孩子除了读书之外，能更多地关注一下身边的世界，那是另一种提高与学习。

“你觉得应该如何在同学或者同事们当中获得一个好人缘呢？你现在在学校里的人缘如何？”那天的话题，是由一档电视节目说起来的。那天播放的一档求职节目，节目中有一位女生，才貌双全，琴棋书画样样精通，那样的人才，在当下的人才市场上应该炙手可热才是，可女生的求职最终却以失败告终。台上评委给她的评语是：尽管你是一个非常优秀的人才，但你太过清高孤傲，我们需要的是能与我们的团队紧密合作的员工，这一点，你做不到，所以我们只好忍痛割爱。那一刻，女生再也清高不起来，她的眼泪顺着那张青春美丽的脸庞滑下来。

与女生的命运相反，另一位来自某理工大学的男生，无论从外形还是从专业技能方面，看上去都不占优势，可在那天的求职过程中，他却一路过关斩将，博得台上评委们一阵阵笑声与好评。那是一个懂得何时自嘲何时自信的男生，面对评委老师咄咄逼人的提问，男生回答得不卑不亢，在与同伴合作的过程中，他也尽力为对方着想。因为有着良好的人缘和亲和力，男生很轻松地就获得了一份不错的工作。

“还好啊，至少我们班上没有人讨厌我，我们相处得很愉快。就连我们班最难相处的一个男生，也从来没对我发过脾气。我觉得要在一个圈子里获得好人缘，要做到如下几点。”下面就是孩子的见解与感悟。说得实在太棒了，把我要说给她的话全部都说了，我只如实地将她的原话记录在这里。

“第一点，要尊重别人，这是最重要的一点，你尊重别人别人才会尊重你，你不尊重别人，当然也就无从得到别人的尊重，就如物理学上的力，力的作用是相互的，手打了脸的同时、脸其实也打了手。第二点，要跟别人站在同等的高度上，哪怕面对比你低的人，也不能显得高高在上的样子，这其实也算是对人的尊重吧。当然，面对比你高的人，也不必要畏首畏尾，那是对自己的尊重。第三点，不要斤斤计较，小心眼儿，小脾气，这样子的同学不容易受人喜欢。我身边有这样的同学，一个玩笑都不能跟他们开，你在他们面前讲话做事总是要特别小心才好，因为你不知道何时就触犯了他们，惹他们不开心。跟这样的同学打交道好累的。我可不愿意做这样累人的人。第四点，不能太自私，别人有事来找你帮忙，你能帮上时就要热心帮助别人。这样子，你有困难的时候别人也才会无私地来帮助你。我现在能想到的就这么多啦，妈妈。”

“已经大大超出妈妈的意料了，你说得很好啊。”这番话从一个十三岁的小姑娘嘴里说出来，我真的有些吃惊。这一代孩子，思想已经远远超过我们能想象的成熟。她能说出这些来，她也一直是这么做的。从幼儿园到小学，她在学校里一直是老师眼中的好孩子，同学们眼中的好伙伴。这就是人缘啊。而这份宝贵的处世经验，她一定是在慢慢成长的过程中思索总结出来的。

人是社会的人，总要不断地与周围的人群打交道。拥有好人缘，可以让你更轻松地工作、生活、学习。你可以从同学、朋友那里获得许多有益的东西，而当你身陷困境时，更会有许多热心的朋友来帮助你。相反的，那些人缘不好的人，别人身陷困境时，他拒绝出手相助，等他也面对同样的窘迫之时，别人也不会来帮他。这样的人，在人生路上会走得越来越孤单，越来越累。

才高八斗，原本是自身的优势所在，因为一份不容人的骄傲，有很多人就将这一优势变成自己的劣势，变成才高气傲。在当今这个时代，行业与行业，人与人之间，都有着千丝万缕扯不断的联系，一个人再优秀，也难凭自己的力量去成功立业做事情。拥有一份良好的人缘，拥有良好的人脉关系，是一个人在这个世界上行走的通行证，有了它，即使你一时走入泥泞森林，也会有人热心陪你走出。

拥有一份好人缘，可不是一朝一夕的事，你要有一颗与人为善的心，要从小就培养自己良好的团队精神、与人的合作意识。这样子，你长大了，才会在走上社会的那天，轻轻松松建立起自己的朋友圈子。

4 兴趣不是最好的老师

女孩兴趣广泛，爱好颇多，从紧张的高考中脱身出来，进入大学校园，她对什么都怀有强烈的好奇心。参加文学社团，学唱歌，学舞蹈，去听一个又一个讲座。她每天忙碌，日子似乎无比充实。大一一年，很快就流水一样滑过去了，她回头想想自己那一年的收获，脑子里却是空空一片。每一个领域，她都尝试过，每一个领域，她也仅仅是浅尝辄止，她所付出的那些努力，都是写在水上的，很快就随时间一道流走了。

女孩心里充满困惑，却不知道自己的问题出在哪里，好在，进入大二之后，她遇上了那位改变很多人的古典文学老师。上课伊始，那位老师就给同学们布置了一项在当时的学生们看来十分不近情理的任务，那一个学期，学生们要熟背一百篇经典古代文学作品。同学们抗议，反抗，最终仍然拗不过那位老师。那位老师说："兴趣是最好的老师，这顶多只在幼儿启蒙阶段哄孩子们听。对于一个肩负事业重任的大学生来说，怎么能仅仅由着自己的兴趣一日日得过且过呢？过分广泛的兴趣，过分浮浅的阅读，只能给人带来浮光掠影、浅尝辄止的收获。这些收获根本无法给你们今后的事业带来强力的支撑。"

那一番话，让所有抗议的学生都噤声，只好乖乖地，各自用功去。

女孩就那样被逼迫着往自己的大脑里强行塞下那些古诗文，竟然也慢慢深入进去。她被那一方古典文学殿堂慢慢地吸引进去。背完老师布置的背诵任务，女孩一鼓作气，又找来很多的古典书籍来读，越读越着迷。随之而来的，是她兴趣的逐渐专一。她喜欢上读书、写文章，她写的文章也越来越耐读。

兴趣是最好的老师。这一句，曾经成为多少人选择职业的路标、兴趣，又是多少人成功的基石。是的，兴趣可以激发人的创造力，可以为学习提供内在的动力，然而，一个人要想获得成功，只有兴趣是远远不够的。上文中那位古典文学老师的话就足够让人警醒。

步入大学阶段，不再面对高考的压力，尚不能完全凭着自己的兴趣去做事，还在小学中学的孩子就更不用说。中学阶段，要面对十几门功课，数理化，语政史……学生们的兴趣爱好自然也是五花八门，有人酷爱数理化，有人偏喜史地生……兴趣是最好的老师，在这里显示出它的优越性来，那些让学生感兴趣的课程，他们学起来自然也就轻松，反之，效果就差矣。

与一位从教多年的老师聊天，想知道他在这些年的教学工作中，如何看待学生的兴趣与学习这个问题。他说给我的一段话让我特别感动。他说：我还是尽量尊重孩子们的兴趣的，会根据每一个学生不同的情况对他们采取相应的措施。比如，有一类学生，他们很聪明，在我看来，有足够的能力将这门课学好，只是坐不住，欠耐心。这样的学生，我会尽力激发他们的学习热情，让他们对这门课产生浓厚的兴趣，之后，一切都不是难题；还有一类学生，他们很用功，也很努力，但因为本身的智力等种种原因没有办法将这门课学好，对这样的学生，我以鼓励为主，尽量教他们掌握适合他们的学习方法，以使他们在自己的能力范围之内取得他们能取得的最佳学习效果；再有一类学生，就是对这门课完全没有兴趣，但他们对其他科目还是蛮有兴趣的，对这类学生，我不强迫他们一定要钻到他们不感兴趣的这个领域里来，但也要告诉他们，你可以不往这个领域里深钻，却不能让它成为他们前进路上的绊脚石。言下之意，我所教授的一些最基本的东西，他们还是要努力去掌握。尊重学生的兴趣所在，却不教学生完全凭自己的兴趣放任自流，是这位老师在面对今天的教育制度所能找到的最佳教育方式，也唯有如此吧。

其实，兴趣并不是天生就有的，它也需要慢慢培养，而不是强加。有段时间，淼淼很烦政治课，觉得那些理论枯燥无味学起来没劲。发现她对这门课的抵触之后，我们开始有意培养她对这门课的兴趣。每天中午放学回家，打开电视机，陪她一道看看电视里的新闻节目，法制节目，就电视里的一些话题跟她展开讨论，那个讨论的过程其实就是一种学习的过程。她慢慢发现，原来政治课并不是枯燥的理论，它跟我们的现实生活竟然联系得如此紧密。某次，语文考试，写作文，她把自己在政治课上学到的东西用到自己的作文中，结果，那次的作文得到她意想不到的高分数。自此，她越发意识到这门课的重要性，对它的兴趣也就慢慢培养起来了。

兴趣是最好的老师，因为兴趣可以激发一个人前进的动力；兴趣又不是最好的老师，因为成功所需要的要素还有太多，正确的选择，正确的方法，恒心，毅力等等。还处在学生阶段的孩子，可以尝试培养自己广泛的兴趣，却万万不能仅凭兴趣做事。正确而有规划，有目的地努力，在任何时候都很重要。

5 勤思好问，搞好学习并不难

女孩看上去很普通，上课跟同学们一起听讲记笔记，下课跟同学们一起到操场上疯跑着去做游戏。看上去，她比一般同学玩得还疯。可每次考试，她的优势就显出来了。几乎每一次，她都在班里名列前茅。

“妈妈，看来，人的大脑是有区别的，她就是比我们班上的其他同学聪明。”对于同学那么轻而易举地就取得的好成绩，淼淼回家跟我说起来，有些不甘心，又有些羡慕。

“人的智商是有区别的，但我想她也许更讲究方法。”对于淼淼说的这位女同学，我倒产生了一些好奇。

那一周，学校上公开课，家长们可以在那一周时间里随时走进孩子们的课堂，跟孩子一起上课听课。我觉得那是了解他们在校学习、生活的一个极佳机会，所以一堂没落地都跟着听下来。

很好，我终于发现了淼淼所说的那个女生的优势所在，她的确很聪明，因为她是一个知道如何学习的孩子。

课堂上，大部分同学在规规矩矩写老师布置的作业时，她总是举手提问最多的一个。问的问题五花八门，有时甚至让人觉得她是在钻牛角尖。一个既定的公式定理，其他同学可能觉得只要记住就行了，她偏要问出一个“为什么”，为什么是这样子不能是那样子，这样子的结果又如何推论出来。一段平平常常的描写景色的句子，她偏问老师为什么要这样描写而不那样描写，从她问的那些问题来看，我们能看出，她是一个多么爱思考的孩子。整个课堂上，她的思维集中又发散，她能努力捕获到老师在课堂上所讲的每一个重点难点，又能自主地顺着那些重点难点深入思考下去，发现新的疑点难点。而老师们面对她的问题，无一不给她耐心细致的解释。那个过程，便是她比别的同学多收获的过程。

一个人学习的过程，不外乎就是发现问题、解决问题的一个过程。一个会学习的孩子，第一要做到的就是善于发现，勤于动脑。有发现，才会有问号，有问号才会有去寻求答案的动力。一个苹果掉到一个不爱思考的孩子头上，他可能会抚摸着疼痛的脑袋走开，掉到了爱思考的牛顿面前，他发现了万有引力定律。现代原子物理学的奠基者卢瑟福对思考极为推崇。一天深夜，他偶然去实验室，发现一位学生还在埋头实验，便问他："上午你在干什么?"那位学生回答："在做实验。""下午呢?""做实验。"卢瑟福不禁皱起了眉头，继续追问："那晚上呢?""也在做实验。"学生毕恭毕敬地回答。卢瑟福终于按捺不住，怒声斥责那位学生："你一天到晚都在做实验，什么时间用于思考呢?"

一位如此用功的学生，得到的却是老师的斥责，看似有失公平。但若是那位学生有心，他该怎样感谢卢瑟福传授给他的真经啊。

很多时候，人会被一种错觉指引到一条错误的道路上来，整日陷身于马不停蹄的忙碌中，去追求那些自以为有价值的东西，以为那样子会让自己离成功更近一些，却很少有人愿意拿出时间来进行思考。真知灼见，首先来自于多思善疑。那些在事业上多有建树的人，也时常在不声不响地深思熟虑。曾跟一位写作的朋友聊天，聊起她写过的那些精彩的篇章，很好奇那些奇思佳构都是如何得来的。她这样对我说："那些最精彩的文章，全不是我坐在书房里苦苦构思的，在我每天散步买菜的路上，灵感常常会不期而至。"散步、买菜、上班的路上，正是她的思想最活跃的时候。思考不用选择地点，但需要人有敏锐的观察力与思考力。

别怕自己的问题幼稚可笑，你能想得到的，你觉得心存疑问的，都可以大胆地提出来。世间多少发明创造，多少新奇想法的最初萌芽，就起始于一些人的奇思妙想，那些想法在世人的眼里或许显得可笑，但世界的最终进步却还是靠了这一小部分人的异想天开而不断地迈步向前。

爱思考的孩子，是主动地学习；不爱思考的孩子，是被动地接受。主动与被动，只有一字之差，结果却相差甚远。这种对比，在小学阶段或许表现得还不明显，年级越高，所接受的知识越深，这种差距也会随之越来越大。不要像复读机一样记录重复，而是如那位女生一样，在学习中，勤思好问，调动起所有的学习热情。那样，你的学习就会取得事半功倍的效果。

6 方法与努力并驾齐驱

做任何事情都要讲究方法，方法对头，才能使问题迎刃而解，收到事半功倍的效果（巴甫洛夫语）。可再好的方法也离不开脚踏实地的奋斗。在我们的工作、学习、生活中，方法与努力，就像一只鸟的两只翅膀，并驾齐驱才能让这只鸟飞得高飞得远。

曾经看过这样一个小故事，说一个人在仓库中不小心遗失了心爱的怀表，众人帮着到处找，可找了半天还是一无所获。众人走出仓库，告诉丢表的人找不到了，丢表的人也只好准备放弃。这时，其中一位工友走出来对大家说："你们先在门外等一会儿，我自己进去再找找。"说完，这人就走进仓库。他没有像前面那些人一样到处乱翻，而是静静地坐下来，凝神静听。不一会儿，"滴答滴答……"的声音就传进他的耳朵里。顺着声音的来处，他很快就在一堆乱草底下找到了那块表。

这就是方法的重要性。很多时候，一个好的方法可能比热情更重要。

学生阶段，面对错综复杂的科目学习，既要有脚踏实地吃苦耐劳的实干精神，又要讲究学习方法，这样子才可能取得一份不错的好成绩。

因为父母的工作关系，程程从一所乡下中学转到城里。终于结束了跟爸爸妈妈长达数年的两地分离的生活，可以与他们朝夕相处。新的学校里，无论师资条件还是教学设施都要比原来的学校好很多，这样的日子，应该是程程喜欢的。可事与愿违，程程在新学校待了不到两个月，就吵着要回去。爸爸哄，妈妈问，最后，程程的眼泪掉下来：新学校里老师讲课我不习惯，坐在课堂上像听天书，根本不知道他在讲些什么。

爸爸妈妈这才开始关注程程的学习。程程的脑子不笨的，在乡下读书时，成绩在班上一直名列前茅，程程学习也很用功，她房间里的灯，每天都要亮到半夜。

那一定是她的方法不对了，要适当引导她一下。爸爸最后给出这样一个结论。

事实正是如此。程程以前在乡下中学，因为学生的接受能力参差不齐，老师们授课习惯满堂灌，学生只要认真跟着老师的思路、步伐走就可以，转到新学校，老师们把学习的主动权交给学生，要求他们课前预习，找问题。课堂上，他们更多的是答疑解惑，有些简单基础的东西，老师可能就一带而过。那样的授课方式，对程程来说是完全陌生的，她自然无法接受。

找到问题的症结所在，在接下来的一段时间里，爸爸开始着手教程程如何科学、高效率地学习，其实也不算什么绝招秘诀，这种方法适合每一个正在读书的孩子：课前预习——课上有针对性地听讲——课后复习配以相应的习题练习。就这三步，走好了，成绩想不提高都难。但让人遗憾的是，就这么简单的三步走，很多学生甚至很多家长都不能意识到，或者有些意识到了却不能天长日久地坚持下来。

先说预习，三个环节中，这不能算是最重要的一环，却是不可缺少的第一环。预习不是草草读一遍教材就了事的。读教材只是最基本的一步。在通读教材的过程中，知道哪些知识点是基础的、容易掌握的，能在课前掌握的，就尽力自己消化掉。比如一节新的语文课，字词句这些东西不需要老师提醒自己用点工夫就能记住，就不必一定要等到课堂上再来记这些；知道哪些地方是重点难点疑点，在脑子里留一个记号，课堂上重点来解决这些问题，比如一道例题的证明推导过程，看教材无法真正搞通弄明白，老师讲到这里，精力自然会集中起来。

预习还可分整体预习与章节预习两种不同的预习方法。每个学期结束，假期开始，很多家长都习惯给孩子报各样的辅导班，希望孩子能在辅导班上有所提高。程程家长不愿意孩子大热大冷的天，天天风里雨里往外跑，花钱不说，孩子太累。假期里，他们一般会安排她做几件事，复习总结上学期的课程，把新学期要学的科目整体预习一下。那其实是个不小的工作量，能做好这两点，孩子已经很不容易。所幸，她坚持得很好，每一科，每一本书，她差不多都是在新学期开始前提前预习一遍。那种预习与课前的章节预习有一定的区别，不似章节预习那么细致。但整本书预习下来，对新一学期要学的内容她基本就做到心中有数，也增加了学好这门功课的自信心。新学期开始，走进那门课的课堂，她花很少的时间就能取得不错的成绩。

有了前面预习一个环节，重点、难点，一目了然，课上听课也就有了针对性，也不会因为老师讲得快而跟不上。一位老师的课堂内容安排，还是根据大多数学生的接受水平来设计的，跟不上老师的进度，除了一些智力因素之外，更多的则是因为方法不对路。眉毛胡子一把抓，分不清主次，整堂课听下来，累得要命，收获还不多。提前预习可以有效帮助学生解决这个问题。

温故而知新，相对于课前预习、课上听讲，课后复习也是必不可少的一步。搞课后内容小结是一种不错的选择，一堂课下来有一堂课的小结，一天课下来有一天的小结，周有周结，月有月结，对学过的知识，及时梳理总结，不让问题堆积。

这一条算不得经验的学习之路，说起来很简单，但能坚持下来，却极考验一个人的毅力。能坚持下来，取得好成绩根本不是问题。至少，它可以帮你把自己的潜力更好地发掘出来。程程在爸爸妈妈的耐心辅导之下，依着爸爸教给她的三步法，不到一年，成绩由原来的下游慢慢攀升到中游偏上，就是最好的例证。

7 每一步都不是最后一步

女孩读小学，成绩在班上名列前茅。那时还没有普及九年制义务教育，小学升初中，对那时的学生来说还是一场十分激烈的竞争。女孩不怕，老师说，哪怕全班只有一个同学升入镇中，那个学生也该是她。十来岁的孩子，面对老师如此肯定的回答，心里除了美滋滋，还有几分飘飘然。以为自己真如老师讲的那样，升镇中是铁板上砸钉的事儿了。

临近小考的那段时间，电视里正在播放女孩喜欢的电视剧《红楼梦》。女孩的心思被精彩的剧情吸引了去，再也无法安心复习备考。结果，那年的小升初考试中，女孩的考试成绩让所有的人都大跌眼镜。全班有十名同学升入镇中，女孩落榜了。

接到通知的那天，女孩觉得自己的世界塌了。考不上镇中，余下的路只有两条，要么去普通的乡中学混三年日子，要么再卷土重来，以待明年再考。女孩从小要强，这两种结果都是她无法承受的。那个暑假，她把自己关在家里，门也不愿出。

那天，女孩的母亲从门外喜滋滋地回来，告诉女孩，她已经跟镇上中学的老师打好招呼，他们可以破格录取她，只是要多交一部分费用，五百元钱的插班费。在那时，差不多是女孩家半年的收入。女孩母亲毫不犹豫地就拿出来了。送女孩去新学校的那天，母亲拉着女孩的手对她说：把过去的当做一张白纸掀过去，咱们重新开始，你好好干！

女孩知道那次机会的来之不易，整个初中三年，她都记着母亲的话，学习特别用功。三年过去，中考来临，女孩很顺利地升入县里唯一的重点高中。

高中生活，忙碌紧张，课程难度加大，想取得一份好的成绩，仅凭努力已远远不够。女孩越来越觉得自己学习上的吃力。起早贪黑，整日埋头题海，她的成绩还是不尽如人意。好好努力，考所大专学校没问题。这是班主任老师给她的建议。她知道，那也是老师往高处估计了她。那年的高考成绩出来，她离专科线还差二十几分。

从学校往家走的那条路上，女孩的腿沉重得几乎抬不起来。她不知道自己该如何面对家中父母那殷切的期盼焦灼的等待。他们对她的学习情况并不太了解，只一门心思在给她准备着去读大学的东西。

母亲听到女孩落榜的消息时，有瞬间的情绪失控。那是她第一次看到母亲因为她学习上的事在她面前掉眼泪。怎么办啊，读了这些年的书，手不能提肩不能挑……

那一夜，女孩和母亲都没睡好。第二天一大早，眼睛红肿的母亲就匆匆忙忙外出了，她去镇上赶早车，去县城，去找女孩的高中班主任，向他讨个主意。傍晚时分，母亲回来了，脸上一扫前日的阴霾，她对女孩说：我问过你们老师了，你这个成绩，再复读一年，明年考大学一点问题都没有。

就那样，那个暑假没过完，女孩就背着行李又返回县中去复读。

复读生被称为高四生，那是一个特殊的群体，被应届毕业生嫉妒又被他们瞧不起。那一年，女孩几乎是拼了身家性命在学。她知道，自己再也不能输。天不从人愿的事情总是太多，那年的高考中，女孩在数学考场上发挥失利，整个成绩被拉下一大截，原本预料能走个不错的本科，成绩竟然只勉强进入专科的委培线。那样的成绩，对女孩的打击比第一次落榜还要严重。几千元钱的委培费，对他们那个贫寒的家庭来说实在是一笔天文数字。再复读吗？她已经不敢想象了。她感觉已将自己的潜力挖掘殆尽。

好在，那个时候，女孩的母亲又一次站出来，她没有埋怨女孩的成绩考得差，而是欢欢喜喜去替她筹集那笔几千元钱的费用。东家借了西家借，还是不够，就把家里正拉犁的一头壮年耕牛牵去卖了。送女孩往县城车站走的路上，女孩母亲看女孩愁眉不展，就对她说：“孩子，打起精神来，人活着就是一口气一个精气神儿，精气神儿在，什么也不能把你摞倒。”

女孩终于笑了。

此后，女孩在外地读了两年大专，毕业，费尽周折找到一份工作。工作与女孩的专业丝毫不对口。再后来，她谈恋爱，恋爱过程也不顺利，谈到半途，男朋友弃她而去。种种的不顺心接踵而至，女孩觉得自己真的撑不下去了。

那天半夜时分，女孩爬上那个城市最高的建筑，第二十层楼的楼顶。她原本想就那样一闭眼跳下去的，想到家里的老妈妈，她还是忍不住拨通了家里的电话。母亲在睡梦中被女孩的电话叫醒，不等女孩开口，她似乎就知道女孩要对她说什么，她甚至连问都没问一下，女孩在哪儿，又有什么事要告诉她，她已经兀自开口，自说自话：“那一年冬天，你两岁，我跟你爸抱着你，在医院的大楼外面，蹲了整整一夜，我哭着跟你爸交代，让他以后再找个好女人成家过日子，别的我不要求，我只求那个人能对你好。你爸不答应我。不答应我，我就没敢死。说来也怪，医生都说我子宫里长的那是个恶性肿瘤，活不过半年。我现在都五十多岁了，活得还好好的。那年，你高考落榜，我去找你老师，哭了一路，我心想我的孩子不能就把前途在此处送了哇……孩子，人这一辈子，没有过不去的坎儿，没有蹚不过去的河，只要还有一口气在，每一步都不是最后一步，你明白吗……”

女孩握着电话，在电话里哭得稀里哗啦。她逃一样从楼顶上退下来。她在电话里跟母亲保证，从此以后，再也不去做伤害亲人的傻事。

这位女孩，是我的一位朋友，如今已经是一名当红情感作家。曾经的苦难，已变成一笔无形的财富，源源不断地从她的笔底下流出来。每一步都不是最后一步，任何时候都不要抛弃放弃自己，她的母亲曾经用一份无言的大爱这样告诉她，如今，她愿意把这份爱的智慧，再无私地传递给更多的人。

8 每天进步一点点，分段实现自己的目标

有一个男孩，今年读六年级，很喜欢音乐，他决定将来要做一个伟大的音乐家。走进他的家，你会看到他的房间里到处都是他平时玩弄的乐器，大到钢琴，小到笛子、葫芦丝，他样样都能拿得起来。唯有一点儿不太好，因为他平时把太多的精力用到那些乐器上，他的成绩一直不是很理想。到六年级时，他差不多排到了班级的最后面，对读书的兴趣也几乎没有了。

妈妈着急，批评他，让他多关注一下自己的文化课学习。他却振振有词：学习好的不一定能赚到大钱，你看电视上那些明星，成名之后，照样活得很自在。妈妈就被他说得词穷了。

男孩说得对不对？部分是对的，学习好不代表着能力好。但也有不对的，没有深厚的文化底蕴，得不到去更高的音乐殿堂里深造的机会，他的音乐之路也不会走得高远长久啊。艺术从来都是相通的，对音乐的深透理解，还要求欣赏人有着深厚的文化功底。我家孩子学过古筝，在这方面我们有深切的体会。学《林冲夜奔》一曲，她指法娴熟，却无论如何也弹不出那种苍凉悲愤的沉郁来，我急了，就找了《水浒传》来给她看，看完林教头风雪山神庙那一个章节，了解了林冲的人生故事，再回来弹这首曲子，她对它的理解就深刻得多了，手上的曲子自然就有感觉了。

一个人，做事情有目标，有远大的理想，这是难能可贵的。就像那个男孩，很执著地喜欢音乐，这当然是值得表扬鼓励的，但每一条通往理想殿堂的路都是漫长又曲折的，你不能老盯着远处那座美妙的殿堂，忘记看脚下的路。

我曾经与一位成绩很优秀的学生聊天，当我问她何以能取得如此优异的成绩时，她的回答让我很赞赏。她说：任何宏伟的目标都是由一个个小的具体的目标组合成的，我在学习中习惯先把一个个小目标攻破，大目标也就自然地完成了。她所说的大小目标都很具体，长远一点的是自己小学毕业后准备考取一所什么样的初中，近一点就是在期中期末甚至一次小考中取得怎样的成绩，甚至，她连每天自己要达到什么样的目标都很明确。目标确定了，努力就有了方向，这样一步步走下来，她又如何能不优秀。

分段实现目标，把目标具体化，也曾经让一位默默无闻的选手在国际马拉松赛上脱颖而出。1984 年在东京国际马拉松邀请赛中，身材矮小且名不见经传的日本选手山田本一意外地夺得了冠军。两年以后，山田再次在意大利米兰国际马拉松邀请赛上获得第一。很多人觉得不可思议，但就是不明白其中的道理。十年以后，山田在自己的自传中解开了这个谜底：原来他是通过自己的智慧赢得胜利的。在每次赛前，山田都要乘车仔细把比赛路线看看，然后把沿途比较醒目的标志画下来，比如第一个标志是个教堂，第二个标志是个路口，第三个标志是个红房子……这样一直画到赛程的终点。比赛开始以后，山田就奋力冲向第一个目标，等到达第一个目标以后，他又以同样的办法冲向第二个目标，这样 40 多公里的马拉松赛程就被分割成几个小的目标轻松地跑完了。

跟一些有经验的老师座谈，问什么样的学生让他们最为头疼，他们的回答竟然出奇的一致：学习中没有目标方向的学生。没有目标方向并不代表这些孩子没有远大的理想，就如前面讲的那个男孩子一样，这些孩子常常胸怀大志，做科学家，做文学家，做成功的大商人……他们的目光盯得无限远，却忘记看眼前的路。学习中，他们最容易犯的毛病就是眼高手低，基础的容易的，他们不屑于去做，复杂的高难度的，他们又往往产生畏难情绪绕道走开，最终的结果就是对自己的整个学习没有任何规划，稀里糊涂往前走。如果遇上明智的家长，适时给孩子一些提醒规划还好，如果家长也糊涂，听任“树大自直”，这个孩子的情况就有点不妙了。

进入初中三年级，开学第一天，孩子拿着一张十八中的招生简章回来了，在几所重点高中里，那是她最心仪的学校。她把那张招生简章端端正正贴到书桌上方，又到网上搜了一张北大未名湖的图片，作为自己的手机屏幕。中考中，能顺利升入十八中；三年后高考中，到北大未名湖畔。这个理想很有诱惑力。

我问她："你准备如何一步步实现自己这个理想？"

孩子哑然。

我给她分析了分段实现目标的重要性和必要性，告诉她，学习中一定要目标明确规划细致，还要有耐心恒心，不要企图一口吃个胖子，每天进步一点点，天天有所收获，天长日久坚持下来，就是一件很了不起的事。她最初有些不服气，半个学期结束，她开始迎接一轮接一轮的考试，终于意识到没有目标没有计划的可怕。那么多的学习任务，若没有一个好的统筹安排，顾了这头顾不了那头，是很难把要掌握的东西很好地掌握的。她开始坐下来，尝试制订学习计划，每一天，每一周，要做哪些事情，都清清楚楚的。这样坚持了一个学期，她的成绩稳稳地攀上来。

把山田的智慧应用到孩子们的生活、学习中来，相信那位男生就不会只盯着远方的理想了，他会想想该如何走好眼前的每一步，如何实现眼前的一个又一个小的目标，为他朝向大目标迈进稳稳地铺好每一块铺路石。

9 雨中晨练的孩子

那是一个下着微雨的春日周末，我早起，到校园里散步，正遇上那个女孩在跑步。女孩大约十岁左右，穿一身浅粉色的运动装，在清晨的操场上很是显眼亮丽。这么大的孩子，这么早就起来锻炼身体，本就很少见的，何况还在那样一个细雨蒙蒙的早晨。那会儿，很多孩子还在暖暖的被窝里做着香甜的梦呢。

忍不住好奇，等女孩跑完步，要回去的时候，我们随意聊起来。

“你好，小同学，下着小雨也来跑步啊，真不错哦。”

“阿姨，你好。”女生略带羞涩地跟我打了个招呼。

我们围着操场又走了两圈，我也大体知道了女孩子的一些故事。

女孩从外地转学过来，因为小时候体弱多病，体质一直很差。老家的学校，对体育要求不是很严格，她也就没怎么刻意去加强这方面的锻炼。等转到这边来，学校对体育素质要求很高，女孩的学习成绩一直在班上名列前茅，却因为体育不达标，每次都与三好学生失之交臂。

“所以，你就下定决心好好锻炼身体了，是吧?”

“是啊，我不能再让我的体育扯我的后腿。再说了，身体不好，将来做什么也不行的。”

“这样子坚持跑步有多久了？”

“有半年了吧。”

“每天都跑吗？”

“每天。下大雨的时候就到我们学校的训练厅里活动一下。我不敢停，因为一旦停了，就等于是开了不好的头，以后遇到些情况就要停下来。”

“你真能干。现在像你们这么大的孩子都不愿意锻炼。”

“嘻嘻，其实我也很想睡个懒觉啊，最开始的时候，每次起床前都跟自己斗争好半天。”

“最终还是战胜了你自己，你真的很能干！”我向女孩竖起大拇指。

“只要愿意，都可以做到这一点啊。我现在明显感觉自己的身体比以前要好多了呢。体育成绩由以前的C升到B了，我再努力一下，等这个学期末，就可以考到A。阿姨我得回家了，再见。”女孩笑着跟我在操场尽头告别。

我一直目送女孩远去，心里说，这个孩子，不管将来干什么，一定会有出息。

只要持续地努力，不懈地奋斗，就没有征服不了的东西，塞内加语。顽强的毅力可以征服世界上任何一座高峰，狄更斯如是说。这个女孩身上，正具备这些良好的品质与素质。而这种品质与素质又恰恰是很多人身上最为缺乏的。做事三分钟热度，热情上来，豪情万丈，热情退去，偃旗息鼓，常立志，却不立长志，三天打鱼，两天晒网，时间一晃就过去了，最终也只落个碌碌无为，一事无成。

在很多时候，一个人的智力其实并无太大差别的，能否在某个领域取得成功，最终拼的差不多就是毅力。谁坚持得久，谁笑到最后。说这话的是我认识的一位文学期刊编辑老师。某次笔会上，我见到自己心仪已久的那位老师。他从十几岁就走上文学之路，笔下文字曾经感动过无数的读者。几十年来，他只认准一件事，就是为文学摇旗呐喊，他做编辑并坚持把这个当成他终生的事业，尽自己之力做到最好。几十年来，他身边的人来了又去，他却一次又一次放弃自己手边更好的机会，在那个岗位上留下来。他培养了一批又一批的作者读者，他们因他而爱上文学，并在他的鼓励下坚持走下去。

那个北方深夜的夜晚，我们在街角一家茶吧里坐着喝茶聊天。彼时，他已是一位年过半百的人，提起文学，却仍然激情飞扬，雄心丝毫不减当年。他说，他有一个宏大的文化理想，就是让文学走向大众，让我们的国民都能参与创作、阅读，让这个国家变成一个有深厚文化底蕴的国度，让我们的优秀民族文化不断传承下去。他说这些时，没有丝毫游戏玩笑的成分，有的只是满脸的虔诚。那一刻，我被这个人深深地感动。在这个羞于谈理想的时代，他敢把自己的理想堂堂正正地摆出来，况且，在外人听来，这一份理想还这样高远，高远得几乎有些不切实际。事实上，他说的一切都没有言过其实。这些年，他是脚踏实地在为自己的这一理想而奋斗。三十年，带领着一个团队，为一种文体而奋斗，让这种曾经名不见经传的文体在大众中开花结果，当下国内文坛，各界文化名流大亨，无一能做到。他做到了。

听君一席话，胜读十年书。是那天我们聊天结束时我送给他的一句话。

不要迷信智力，相信毅力。这是他送给我的一句话，到今天我仍然深深地记在心里。这句话，会影响我整个后半生。

雨中晨练的女孩，茶吧里激扬文字的编辑老师，年少的如春花初绽，年长的已经满面沧桑，却无一不给我的心灵强烈的震撼。约翰逊说，成大事不在于力量的大小，而在于坚持多久。确实如此。

10 没有人在意也没有人打扰

无人注意的角落是中等生成长的练习场，没有人在意也就没有人打扰，展翅待翔的羽翼在这方练习场上变得日渐丰满。

那天给老家打电话，电话里，小侄子喜滋滋地向我汇报他的成绩：数学九十分，语文八十七分，英语九十二分。听完他的汇报，我在电话里将他狠狠夸奖了一番。夸他聪明，夸他能干。女儿在一边听到我那样表扬她的小表弟，忍不住酸酸地问道："弟弟考了三个满分？你这样子夸他。"我把她弟弟的成绩如实告诉她，她听完，长叹一声："唉，做个中等生多好啊，考得稍微好一些，就能得到大人的表扬。要我考这些，你一定在忙着帮我分析问题找原因了。"

"也不是这样子的啊，你们的起点不一样。弟弟的起点低，能取得这样的成绩对他来说已经相当不容易了，所以妈妈多给他一些鼓励也正常啊。"

"那我以后也当个中等生吧。"女儿扮个鬼脸进了自己的房间。

从小学到初中，虽然我一直在对孩子讲，在我们的心里，成绩和分数不是最重要的，最重要的是她能健康快乐地成长，但我们为她付出的种种，还是给了她一个强有力的暗示。自进入初中之后，在班上，她差不多一直在优等生之列，这对她是一种促进，也是一种压力。优等生面对的除了赞美与掌声，还有压力，怕被后来者追上，也一直在努力试图超越自己。在这一点上，那些成绩中等的孩子倒有一片更自由的天空。

L是一位广播电台的主持人，在聊起自己的学生时代和成才之路时，她说：没有人在意也没有人打扰，我很感谢自己那时中等生的身份，让我拥有了今天这份自己喜欢的事业。

L读书时，成绩严重偏科，文科学得棒，理科学得差。她的父母倒也还算开明，默认了她的这一现状，但也根据她的优长短处给她提出了不同的要求。她擅长文科，父母规定她每次语文考试都不能低于95分，否则视为不及格，她数学不好，考不及格家人也不会怪她。有次语文考试，因为试题较难她只考了83分，那样的成绩在全班已经是最高。当然，离父母对她的要求还差很远。她永远忘不了父亲去学校接她时，面对她的老师时那种表情：自责，忏悔，懊恼……综合起来，可以用一个词来形容：无地自容。父亲一个劲儿地向老师赔礼道歉：对不起了老师，是我们家长的失职，我们监督不利，没有抓好孩子的学习，孩子才会考得如此差。一席话说得她的老师莫名其妙，老师本来已经在班上狠狠把她表扬了一番了。

L回忆说，她对语文那科的兴趣就是从那一天开始锐减的。她所付出的所有热情与努力，都抵不过父亲眼里的一个好分数。

发生在L生命中另一件有意味的事是此后不久的一次数学考试。自从自己对语文学习的兴趣下降之后，她的兴趣慢慢转移到了数学那一科。在那里，她是完全自由的，不用去考虑得一个什么样的分数名次，她可以慢吞吞地依着自己的兴趣与步伐往前走。那些公式定理、奇妙的数字组合一度让她着迷。她开始尝试着做了大量的数学习题。有付出就有回报，接下来的一次数学考试中，她破天荒地拿到了自己学习数学以来的最高分85分。她拿着试卷，高高兴兴去给父亲看。那可是她从小学到初中所考到的最好的数学成绩。她以为父亲会狠狠地表扬她。然而，让她万万没有想到的是，父亲拿到那张试卷，只扫了一眼试卷上的分数，脸就由晴转阴："学不好也就罢了，还变得这么不诚实。说，你抄谁的?!"

L对数学的兴趣也在那以后戛然而止。

喜欢的科目，因为父母的要求太高，反倒慢慢失去了兴趣；不喜欢的科目，因为没有学习压力反倒有了意外的收获，但是又受一份来自父母的怀疑。L的父母也确实够糊涂了。但接下来的几年里，他们为她做的一切又让她感激不尽。

失去了对文科理科的学习兴趣之后，L的成绩下滑得厉害。父亲问她原因，她直言不讳地告诉了他。父亲后悔，声言以后会尊重她。那时候，学校广播站正在招收播音员，她觉得好玩，又加之学习上没有那么大的压力，就去报名，竟然顺利入选。别看只是一个小小的学校播音员，每天只有半小时的播音时间，那却是她梦想之路的开始。为了每天的那半小时，她要查阅大量的资料，阅读大量的中外名著，然后再筛选其中的精华传递给全校的同学。她做那一切，完全是凭着自己的兴趣在做，老师们没有太关注，因为她本身的成绩就在班上中游；父母亲不再关注，他们已经坦然接受了她那样的成绩，或者说是不敢再抱有什么大的希望。没有人关注的她，倒自由自在了，为了搞好播音，她不知不觉走进知识的殿堂，然后又在那里发现了她以前从未发现的美好世界。初三上学期，她的心中突然就有了一枚理想的种子，她想让自己的声音通过电波传到更多的角落。那样的结果只有一个，她要努力学习，考上高中，读大学，学播音。

循着那条梦想之路，她一路走下来，直到自己坐在某广播电视台的播音间里，成为一名优秀的主持人。

教育的最终目的是什么？这是多少教育者多少年来一直在苦心探索着的。在我看来，能够最大限度地激发孩子的学习兴趣与自主的学习能力，是教育必不可少的一环，也是很重要的一环。在这里把一段这样的故事与那些躲在角落里不被人关注的孩子分享，以此来告诉他们，被人忽略，并不见得就是一件坏事。

11 做最棒的自己就好

临近中考，一模二模三模……学校里出题考，市里出题考，试卷发得铺天盖地。每次考完，老师忙着排名次，学生们也各怀心事。结果肯定是有人欢喜有人忧，当孩子们获知自己的成绩和在班级、年级中的排名后，肯定有人会暗暗下定决心：下次考试一定要超过某某同学，或者一定要稳住自己现在的排名。怀前一种心态者，多是那些考试不甚理想进步空间大的中等生，怀后一种心态者多是那些成绩一直稳列前茅的优等生。

一个努力要追上来，一个努力想继续把后来者远远抛在身后。这就是竞争。在当今这个社会，激烈的竞争无处不在。良好的竞争能催人进步使人脱颖而出，恶意的竞争害人亦害己。所以说，竞争又必须具备良好的承受能力和坚强的斗志。

正确理解竞争的含义，可以让一个人心怀不歇的斗志，又不会给自己施加强于自己承受力的负荷，能够充实又快乐地走好每一步。把自己当做竞争对手，每天都能有所收获有所超越，其实是最不容易的一种竞争。在这一点上，我认识的一位叫小宇的女孩就做得很好。

当然，把自己当成自己的对手，也不是她一开始就明白的，而是她为了竞争，很辛苦地走了很长一段时间的路之后，慢慢悟到的。

小宇小学时成绩特别优秀，每次考试都在班上前三名。家长骄傲，老师满意，自己也开心。强烈的优越感造就了她要强的性格，进入初中之后，课程增多，内容也深奥了，小宇在小学时的优越感渐渐不再。进入初中之后第一次期中考试，全班五十多名学生，小宇考了第十一名。那样的成绩虽说不上太好，但也不太差。如果小宇能够正确面对与同学的竞争，不急躁，稳步向前赶，也许会有更好的成绩。可她着急了，因为从读书以来她就没得到过那么差的名次。可越急越乱了方寸，在接下来的几次考试中，小宇的名次不但没进反而又后退了。接连数次打击，让小宇的情绪跌落到极点，往日的自信不再，她开始怀疑自己，最后竟然有了厌学的倾向。

好在，在那个时候，小宇的爸爸及时发现了小宇的思想问题，他试着给孩子减压，告诉她，她可以不跟班上任何一位同学比，只跟自己比就行。只要自己感觉每天都有所收获，日子过得充实，考什么样的名次什么样的分数都在其次。

有了爸爸的安慰，小宇彻底放下了心里的包袱。她又恢复往日的快乐，不再紧盯分数不放，积极参加学校组织的一些活动。压力没有了，学习的兴趣上来了，成绩也在缓缓上升。

向自己宣战，做自己的对手。是小宇为自己写下的一条座右铭。

为什么要向自己宣战，做自己的对手呢？小宇这样对我说：因为我们的身上存在这样那样的弱点。比如：贪图安逸、容易满足、回避困难、自大自负、自由散漫、自私狭隘等，这些弱点也如一个个充满诱惑的陷阱，阻碍了我们前行的脚步。我们常常会看到有些同学想努力学习，却战胜不了自己的散漫和懒惰；想痛改前非，却战胜不了自身的缺点和陋习；想谦虚待人，却战胜不了自负和骄傲；想对他人团结友爱，却战胜不了自私与偏见。所以，我以为，能够以自己为对手，能够战胜自己的人才是真正的强者。

我为小宇的思想见地之深刻而吃惊。有如此思想的孩子，如何会走不好自己的路呢？

做自己的对手，战胜自己，这几个简单而有力的字却不见得人人都能做到。只有当我们懂得：战胜了缺点，才会有进步；战胜了骄傲，才会有谦逊；战胜了偏见，才会有信任；战胜了狭隘，才会有宽容；战胜了自私，才会有大度；战胜了执拗，才会有清醒。我们就会完成一个质的飞跃，就会取得长足的进步而变得异常强大和不可战胜。当然，战胜自己需要勇气，战胜自己比战胜别人难得多，因而战胜自己，就要有坚忍不拔的意志，要有坚如磐石的信念，要有舍我其谁的勇气。

做自己的对手，战胜自己，一种很重要的方法是不断总结，不断反思，不断找出自身存在的弱点和不足，采取针对性的措施，不断提升和改进，最终找到战胜自己的有效方法，这样我们必将成为生活的勇士，命运的骑士，勇往直前，无畏无惧！

生活中、学习上敢于时时向自己挑战、做自己对手的学生，在自己的能力范围之内，将自己的聪明才干发挥到极致，做一个最棒的自己，一定是最优秀的学生。

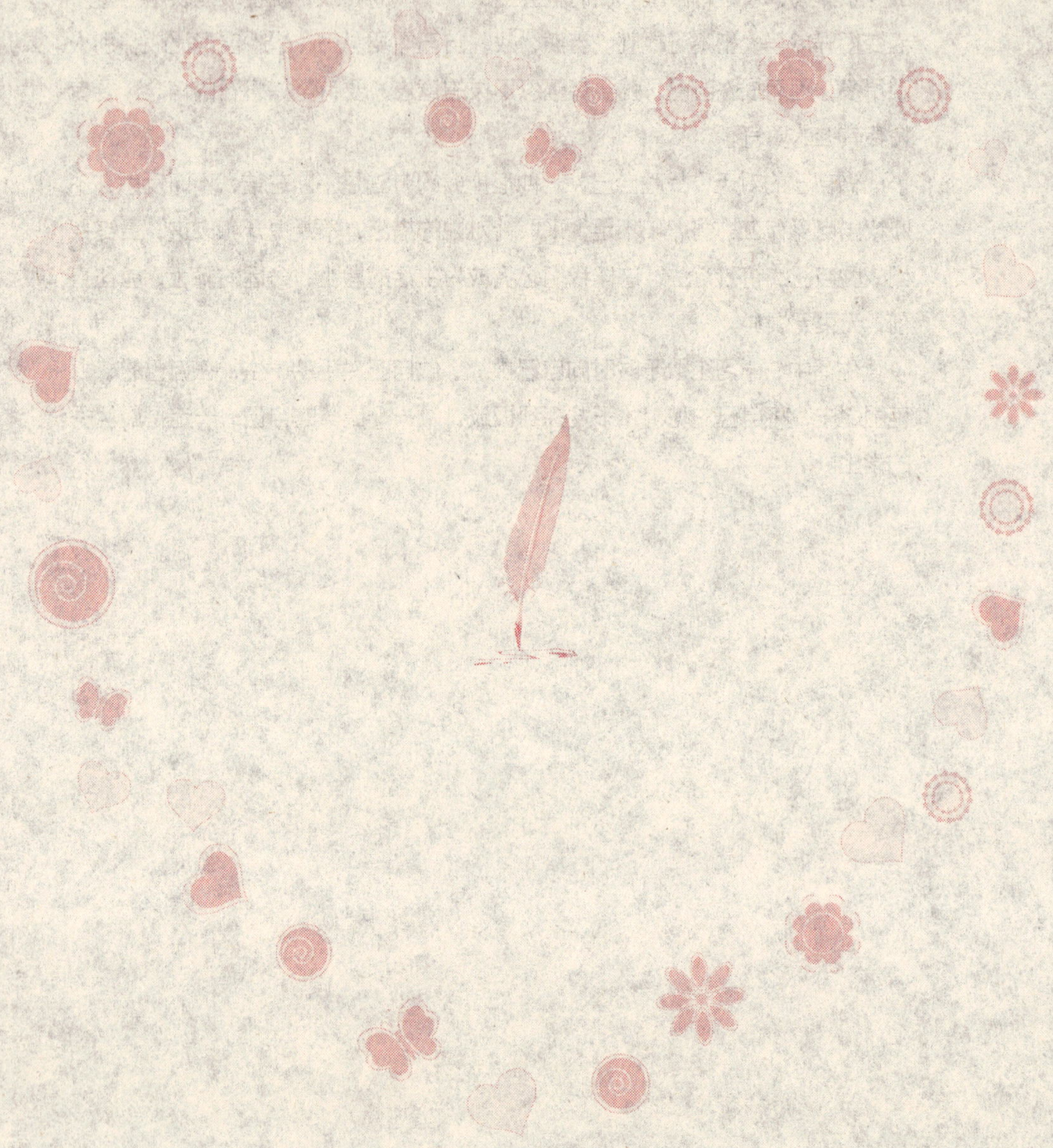

第五章 成功无捷径——面对属于自己的成长答卷

无论考场上的成绩如何，都要认真面对属于自己的人生答卷，这是每个人都马虎不得的，因为这是做人的根基。读好书，结良友，做好人，管理好自己的时间银行，这是每个人都要认真填写的成长答卷。

1

做一个善良的人

女孩五岁，在一家幼儿园上学。每天早晨和黄昏，妈妈都要牵着她的手经过一片繁华的市场，每次经过那里，她们母女都会看到很多来自周边的务工人员蹲在市场边上等活儿，那些人里面有年轻的也有年老的，但大多是衣着破旧，满面风尘。他们眼巴巴地望着路边一个个经过的行人，渴望被召唤又往往失望地目送着行人远去。

有时候，他们蹲在那里，一整天也接不到一份活儿。

有天下着雨，女孩和妈妈又经过那个市场，正遇上一位四十多岁的中年男人无助地蹲在雨里，估计是在等活儿的。妈妈忍不住就指着那位中年人对女孩说："看，孩子，如果你现在不好好学习，将来长大了就要像这些人一样，在这样的大雨天里蹲在街边等活儿干。"女孩只飞速地看了那个人一眼，拉着妈妈的手就走了。

那天吃晚饭时，妈妈做好了饭让孩子来吃，叫了几遍都没有听到女孩的动静。妈妈推开女儿卧室的门，发现女儿正趴在床上哭得很伤心。

"宝贝，你怎么了？哪里不舒服吗？"妈妈慌了，忙上前去询问。

"我在想那个在雨里等活儿干的伯伯，这么大的雨，天又要黑了，他要到哪里去啊？他没找到活儿干，没有东西吃怎么办?”

妈妈一下子呆立在那里，心里说不出的滋味儿。女儿才五岁，可一个五岁的孩子眼睛里关注的是那位伯伯有没有地方躲雨，有没有可吃的东西。妈妈为自己先前给孩子讲的那一通话觉得羞愧。

朋友给我讲了这件事。听后，我不再觉得我的孩子不会唱歌不会跳舞字写不好拿不出让人骄傲的成绩是什么大不了的事。我的孩子有一颗如此善良柔软的心，这比什么都金贵。

是的，她是一个善良的孩子。每次走到街头，看到那些趴在地上行乞的人，她都要把自己口袋里的零钱掏出来送给他们，她甚至会把自己刚刚买的还没舍得吃的一盒冰激凌也送上去。遇到一只受伤的小猫儿，把它抱回家里，跟爸爸一起给它包扎。走过一片开满鲜花的青草地，轻手轻脚，和你说不能吓坏了那些小草，它们正在睡觉……

孩子如此柔软，又如此敏感，有时候，我也会有隐隐的担心，担心如果她把这个世界看得太简单太美好，将来踏入社会会吃亏。可再回头看看身边，还是善良的好人多，善良永远是这个世界的道德支柱。

某天上网，一则新闻故事感动了我，故事里的那位医生正是那样一位善良柔软的人。医生原本是一名普普通通的医生，人近中年，略已秃顶，身上半旧的白色大褂，已遮不住他日渐发福的肚腹。可就是这样一名貌不出众语不惊人的普通医务工作者，却因为十几年如一日的一个善意举动而感动了无数网友，他们亲切地称他为“垫钱哥”。

“垫钱哥”，顾名思义，一定与垫钱有关。前来医院就诊的病患者，有一些是病情来得急，家属来不及带上足够的钱；有一些是家里条件困难，筹不够足够的钱，他们焦灼、痛苦，在医院住院处急得团团转。

他来了，二话不说，先问人家现在还差多少钱，他可以先帮忙掏钱垫上。前来就诊的，什么样的病人都有，轻一些的感冒打点滴，重一些的尿毒症做血液透析。他为他们垫的钱，数额也就有大有小。少则三四百，多则三四千。借条没有，字据没有。他只说，等拿了钱来，再还给他就是。

拿钱的，对着他千恩万谢而去。数日之后，那些钱又原封不动一分不少地还给他。还给他，他就收下。他并没有足够的经济实力，能够为他们无偿地“垫钱”。

“有没有担心过你为他们垫了钱，他们走了不承认了，或者还不起?”这样的担心，他从来没有过。因为那样的事从来没有发生过。

“有一次，我为一位患者垫了两千块钱，后来那位患者去世了。很多朋友包括我自己，都以为那两千块钱不会再回来了。我连病人的家属都没见过。可是时隔两个多月后，病人的家属竟然又找到了我，他们来还我那两千块钱，还给我带了两袋刚从地里摘的嫩黄瓜……”说起那些人，他的眼睛常常莫名的湿，“我没做什么，没给他们支付承担过一分一厘的医药费，我不过在他们急需要时临时帮他们垫付周转一下，如果有人不还，我也支撑不了这些年，我们也要感谢他们……”

有借有还，再借不难。信任的大厦，靠的是众人的力量，一砖一瓦垒起来。“垫钱哥”可爱可敬，还钱的人一样让这个世界仰视。他们都是善良的人。

欲做事，先做人。做人最基本的一点，就是做一个善良的人。做一个善良的人，不一定要做轰轰烈烈的大事。滴水见太阳，生活中的点点滴滴都能折射出一个人的善良品质。对弱者一句温暖的鼓励，对老幼一个轻轻的伸手，雨天里轻轻移向别人头顶的一把雨伞，甚至对你经过的一花一草，那一丝温情的怜惜……都会让我们的这个世界充满阳光与希望。

2 做一个有责任心的人

与几位在教育战线工作的朋友聊天，聊起当下孩子的教育问题，他们一致认为，缺乏责任感成了现在很多孩子的通病。其中有一位小学班主任给我讲的一段故事让我印象特别深。

那天我同往常一样走进教室，孩子们都在埋头写作业，只有两三个男生将脑袋凑在一起，不知在玩什么。我轻轻走过去，发现他们原来在纸上画东西。一个男生在画，另外几个在饶有兴味地观看。地上几个揉成团的小纸团，不知是不是他们扔的，在地板上很是显眼。我停下来，看了一会儿他们的画。实实在在地说，那张变形金刚，那男生画得还真是棒。我轻轻从男生的笔下把那张画抽出来，看了一会儿，然后对他说："嗯，画得不错。要是不把废纸团扔在地上就更好了。"我的意思很明了，我在提示那几个男生把地上的纸团捡起来放进垃圾筐里。"老师，您别搞错了，那纸团可不是我们扔的。"其中一个男生抬起头理直气壮地对我说。听他那样说，我接着回了他一句："别人扔的难道你们就不可以弯腰捡起来吗？维持教室的整洁干净，这是每一个学生应有的责任啊。"男孩子们接着嘟哝了一句："不是我扔的，又不是轮我值日，凭什么要我来捡？"我没再说什么，弯腰轻轻地把那几个纸团捡起放到了不远处的垃圾筐里，然后回头跟那几个男生说："你们谁看到这个纸团是老师扔的了吗？可我遇到了，我把它们捡起来放到应该放的地方去，这是一种责任感的表现。老师很羞愧，没能把这一课给你们教好，没能教育你们从小就做一个有责任感的人，老师给你们道歉。”

那位朋友是一位从教经验丰富的老师，多年来一直被评为优秀班主任、优秀教师，可是那天，面对几个男生振振有词的反问，他头一次感觉到了自己教育的失败。几个男孩子见老师如此说如此做，红着脸低下了头。

不知他们是否真正明白了老师的良苦用心。

滴水见太阳，几个躺在地上的小小的纸团，却能反映出一个人责任心的强弱来。责任感，可以表现在生活中的方方面面、大大小小各个领域。在家里，帮爸妈做一些力所能及的家务，是一种对家庭的责任感；在学校里，遵守学校的校纪校规，爱护学校的一草一木一桌一椅，是一种对学校的责任感；在外面大街上，不乱扔垃圾，不乱穿马路，是一种对社会的责任感。生活、学习中，严于律己，不荒废学业，不浪费时间，是对自己负责；不随意影响、打扰别人，诚实守信，是对别人负责。总之，在我们的生活中，一个有责任感的人，会在大大小小的事情中都表现出自己一份强烈的责任感来。而也正因为人之间这种责任感的相互存在与相互约束，我们才得以在这个社会中有条有理有序地工作、生活。

这样一份责任感的培育，就是从一个孩子的幼年开始，从生活中点点滴滴的小事做起。一个小时候对方方面面的小事有着责任感的孩子，长大了才可能成为一个对形形色色的大事有着责任感的大人。

曾经遇到过这样一位家长朋友，她的孩子在家是个娇宝贝，读初中了，竟然连最起码的家务事也不曾做。在学校，老师分配给他的值日任务，他每次都要找借口推掉。三番五次，老师看不下去了，打电话跟孩子的家长沟通，告诉他们孩子不太爱劳动，缺乏必要的责任心，希望家长朋友能配合教育。我不知道那位朋友在电话里是如何跟老师讲的，但她一转身，来对我说的时候，则是一副满不在乎的样子，语气里透出对老师的不满：你说他们老师是不是小题大做啊，不就没做值日吗？也值得扯到什么责任感上来。我家孩子将来可是要干大事业的，怎么会为这些琐碎的小事分散精力？

面对这位家长的慷慨陈词，我只能报以沉默和微笑。孩子若有此观念，尚可教育改变，四十多岁的成人这样想，也只好由她去想。只可惜了她的孩子。事实证明，一个不屑于为小事情负责，为别人负责的孩子，也很难去负起那些所谓的大责任，更不可能为自己负责的。从智商上来说，那个男孩子还是很聪明的，若教育引导得法，一定会是一个不错的人才。可他把聪明才智用错了地方。很小的年纪，已经学会偷奸耍滑，在学校参加集体劳动，远远看到老师走过来，抢过扫把挥舞两下，老师一走，立马把扫把扔掉玩自己的去了。学习成绩不怎么样，电脑游戏玩得上瘾。很难想象，如果家长一味让他这样走下去，他的未来会是什么样子。

在跟一帮年轻女孩子聊天的过程中，问她们在选择伴侣时最看重男孩子的哪些优秀品质，很多人都把有责任心排在了第一的位置。对自己负责，能在学习与生活中严格要求自己，不断进取；对他人负责，能遵守社会公德遵纪守法，做一个良好的社会公民；对家庭负责，能爱亲人爱伴侣经营好自己的小家。其实，不单单是女孩对男孩的要求如此，反之，亦然。于己于人于家庭于社会，都有着良好责任感的人，会是一个幸福的人。

3 做一个有进取心的人

某天看电视，电视里正在播放一档心理访谈节目，一位苦恼的母亲拉着自己22岁的儿子去找心理咨询师求助。儿子22岁了，技校毕业后就一直待在家里，每天东晃西晃无所事事，那种状态让母亲着急。她让他出去找工作，他出去转了一圈儿就回来了，说没有适合他做的事。母亲辛苦经营着一家鲜肉店，每天起早贪黑地忙，手上也有了一定的积蓄。她对儿子说，实在找不到单位就自己想办法做点儿小生意吧。她给了儿子四万块钱，做底本。儿子高高兴兴地拿着那笔钱出去了。一个月后，儿子苦着脸回来。钱已经花光了，买两部手机钱就花得差不多。生意倒是没摸着一点门儿。

"我不知道该怎么办了，能为他做的都替他做了，能替他想的都替他想了，可他就是这样子，每天像只无头苍蝇一样，东一下西一下，愁死人了。"母亲坐在心理咨询师面前抹眼泪。

"我也不想这样子。你以为我愿意吗？可我能做什么？你说！"儿子倒是振振有词。

这男孩，典型的没有目标没有梦想没有人生进取心啊。坐在电视机前，对那对母子充满同情，又忍不住想，那种状况的发生，与母亲这些年对孩子的教育一定是分不开的。果不其然，接下来的节目中，那位母亲开始回忆自己这些年对孩子的教育之路：我和孩子的爸爸在孩子很小时就离婚了，我一个人带着他，做点小生意糊口。因为离婚，我生怕他受委屈，对他的管理也就格外松一些。平日里，他要什么，只要我能做到的，我就尽量去满足他；做不到的，我也会尽力去为他做。也可能是因为这些，让他养成了好吃懒做的习惯吧……现在，后悔了，也晚了……

个人进取心是一种激励我们前进的、最有趣而又最神秘的力量，它存在于我们每个人的生命中，就像我们自我保护的本能一样。正是进取心和意志力——这种永不停息的自我推动力，激励着人们向自己的目标前进。这种内在的推动力从不允许我们“休息”，它总是激励我们为了更好的明天而奋斗。

一个人的进取心，应该是从孩提时代就要刻意培养的。进一个亲子论坛，里面有很多家长朋友发帖寻求帮助：孩子学习没有目标，做事拖拖拉拉，缺乏必要的进取心，该怎么办？孩子不能认识进取心的重要性，缺乏必要的进取心，看来不是一个家庭要面对的问题。这个问题说来很让人头疼，理清思路其实也不难。

做一个有进取心的人，要有“永不满足感”。成功学大师罗伯逊说：“如果一个人对自己的现状很满意，他就会停滞不前。人当然不应该对自己的命运感到失望和不满，但人永远不应该满足。”人生好像是爬山一样，你必须有达到山顶的雄心壮志，否则，永远无法爬到顶端。在我们平时生活、学习中，跑在前列的人往往不缺乏这种进取心，倒是那些落在后面的偏偏少了它。有人说，知足常乐，那是相对于人无尽的欲望来讲的，在面对工作学习上的问题，不知足才会常乐。因为一份不知足，才会让人产生源源不断的进取心，才会激励我们去追求完美。这既是人们争取成功的动力源泉，也是人类进步的奥秘。“不满足”能激励人们从弱者变成强者，从失败走向成功，从苦难走向幸福，从贫穷走向富裕。

做一个有进取心的人，要有自己的“梦想”。希望是成功的原料，它可以转变成信心，再变成决心，最后付诸行动。但是，希望来自你的梦想，从你的想象中萌芽，让世界更美好、人生更美丽。如果你有梦想，即便不能实现，也还是有价值的，因为此种梦想可使你看到许多可能的机会，这是别人难以见到的。因此，想过也是一种经历。在人们的童年时代大都是充满了各种幼稚的梦想。钢铁大王卡内基15岁的时候，便对他那9岁的小弟弟汤姆谈论他的种种希望和志向。他说假如他们长大些，他要组织一个卡内基兄弟公司，赚很多的钱，以便能够替父母买一辆马车。他们天天玩着这个游戏，自然而然地在他们的内心便保持着许多梦想。这种“假如”的游戏，总是催促他努力工作；等到机会真正来了的时候，他便在现实中抓住，最后终于将理想变为现实，成了举世闻名的“钢铁大王”。

做一个有进取心的人，要有目标——近的小的目标和远的大的目标。伟大的思想家和诗人歌德说：“人的一生中最重要的就是要树立远大的目标，并且以足够的才能和坚强的忍耐力来实现它。”我们几乎随处可见这样的人，他们一生中都做着简单平常的事，他们似乎也因此就满足了，但实际上他们完全有能力干一些更高级的事情。因为他们的期望值就很低，所以没有从一点一滴做起开创一项伟大的事业。生活目标的狭隘限制了他们确立宏大的进取心。人当存高远之志，但再高远的志向也要从脚下的小路一步一步走起。有大目标，也有分段实现大目标的小目标。培养孩子的进取心时，不妨就先从他最容易达到的小目标着手，让孩子先体会到达到小目标的喜悦，再一步步引导他往大的目标前进。

做一个有进取心的人，还要有坚忍不拔的意志力。我们总是计划着未来的生活，但是，如果我们不进行坚持不懈的努力，将其变为现实，那么，这些计划将永远只是计划，我们永远只是在纸上谈兵。所以，要想将梦想变为现实，一定要做三件事：第一，使我们的目标具体化；第二，集中精力，全力以赴；第三，将目标变为现实。在这一过程中，所必需的条件都取决于我们自己，而不是别人。无论我们身在何处，拥有多少财富，必须有坚忍不拔的意志力，才能把我们的理想变为现实的。

4 做一个诚信之人

周末，淼淼和同学约好一起到书店去看书。那天早晨，她早早就起床了，洗漱，吃早点，然后兴冲冲地跟我告别，去小区大门外的公交车站。她和同学约好，八点钟，准时在那里集合。

我收拾完，坐下来工作时，已经是那天早上九点钟了。那会儿，我估计她早已经到书店了。

她就是在那时推开门走进来的，满脸的不快。竟然没去。

“我在公交车站等了一个小时，她都没来。我忍不住打电话问她，你猜她说什么。她告诉我，她不能来了，妈妈不让来。不来，也不给我打电话，就让我在那里傻等，她怎么可以这样说话不算话？以后我再也不相信她了。”看来淼淼这次是真的生气了。也是。这事儿搁谁身上能不生气？

淼淼说的那位小同学，应该不是第一次失约了。淼淼和女孩是很要好的朋友，从小学三年级就一直在一个班上。因为她的失信，淼淼也曾不满意，但还是一次又一次原谅了她。淼淼对我说，她能理解她，她的妈妈管得她严，临时有事出不来也正常。可如此三番五次出现这样的事，淼淼对好朋友的容忍度也慢慢降低了。

“妈妈，我觉得她不仅仅是因为妈妈管得严，她是不讲信用。我不想跟一个不讲信用的人做朋友了。”

因为她一次次的失约，那份友情终于还是受到了影响。在此之前，我也曾教给孩子，对那位好朋友说，要做一个讲诚信的人，做不到的事，不随意答应人，答应了人的事，就要努力去做。不知淼淼有没有讲过这些。也许，这些对那个孩子来说没有多大用处。她已经养成了那种随心所欲的习惯了。

因为不守信，同学们慢慢失去了对她的信任，再有什么集体活动，没人愿意再拉上她一起。她慢慢地就把自己在集体中孤立了。想一下，如果她还不能意识到这一点，将来走上社会时依然如此，她又会慢慢失去同事、领导、朋友的信任。孤零零的一个人，就像水离了大海，树离了森林，又如何在这个社会上发展立足?

诚信能促进人与人之间的交往，是衡量一个人内在美的一种标准。诚信是一种美德，也是一笔财富。诚信是立身之本，也是做人的基本准则。做一个诚信之人，相信我不说大家都懂得，只是在我们日常的生活中，真能践行起来，还是有一定的难度。莫说孩子，有些成人也难以如此来要求自己。

记得自己很小的时候，跟大人一起到集市上去。那天，是寒假第一天，我刚刚从学校里领回一张三好学生的奖状，而父亲曾答应过我，如果那次考试中我能捧回奖状回来，他就给我买一支新钢笔。拥有一支钢笔，对那时的我来说是最美最大的梦想。为了那个梦想，那一个学期我都格外用功。可那天，父亲爽约了。我在集上一路都在提醒他，问他，卖钢笔的地方在哪里，父亲一直在搪塞我，哄我，说再朝前走就到了。再朝前走，出了集市，转上了回家的路。父亲说，等你下次考得好了一起买吧，到时买支更好的送给你。那天，坐在父亲的自行车后座上，我没再跟他说一句话。父亲的那一句“等下次”在我心里已激不起任何喜悦的浪花。尽管，后来，我还是理解了父亲的苦衷，一支钢笔，对那时我们的家庭来说，就算是一笔不小的开支了。可少年时代那份沉重的忧伤，还是跟随我好多年。我们不怕被陌生人、被骗子欺骗，却怕自己最亲最近的人失信爽约。值得庆幸的是，父亲的言行并不曾影响到我的成长，因为自己受过伤，在此后的日子里，我对自己的要求反倒更严格，我不想做一个让人失望、不信任的人。所以，等我成人、结婚生子之后，在教育孩子的过程中，我一直在严格要求自己做一个讲诚信的人，也教孩子做这样的人。长期的耳濡目染，不用多说什么，孩子就把诚信看得很重。

从个人来讲，诚信是立身之本，人无信不立；从大的方面来讲，一个企业一个国家也是无信不立。诚信是商家制胜的法宝，一个遵守诺言的政府才能赢得民心。魏文侯冒雨践约的故事就很有说服力。魏文侯是战国时期魏国第一位国君，史称他礼贤下士、诚信待人，有“贤明君主”的美称。有一次，他和管山林的人约定，次日午时到郊外打猎。谁知第二天一大早就下起大雨，气温骤降。魏文侯早朝后，下令赏赐群臣酒宴。正当大家喝得酒酣耳热之时，文侯问道：“快到午时了吧?”大臣们回说是。他急忙令撤下酒席，叫人备车赶往郊外。大臣们一听，齐声劝道：“天下大雨，又这么冷，不能打猎，国君又何必冒雨白跑一趟呢?”文侯正色道：“我已经与人约定，他们现在一定在等我，虽下雨不能打猎，但我得去践约啊!”城里百姓得知文侯冒雨践约的故事之后，都赞他是一个诚实讲信义的人。这以后，文侯下达的政令，百姓们都信服，且心甘情愿执行。此乃诚信的力量也。

要做一个诚实守信的人，其实并不困难。从身边点点滴滴的小事做起，从自己日常的一言一行做起。不轻易许诺，许诺就要努力做到。父母对孩子，一定要守信用。曾子杀猪的故事就是最好的例子。这样才会教育出一个同样守信用的孩子。诚信的种子，应该在孩子的幼年时代就深深种到他们的心里去。

5 做一个懂爱的人

一个小人儿，蹲在客厅的地上，面前的花脸盆里，已经泛起白白的一层肥皂沫子。小人儿在洗袜子，两双穿脏了的白棉袜，一双大的，妈妈的，一双小的，自己的。妈妈坐在一边的沙发上看电视，小人儿一边洗一边跟妈妈聊天。妈妈在指导她，她在努力按照妈妈说的做。十几分钟后，两双袜子竟然被那双胖乎乎的小手洗得干干净净洁白如新。

那个小人儿是我的女儿，那年刚刚十三岁。我告诉她妈妈一天上班好辛苦，她能不能帮妈妈把袜子洗了。她很开心地应承下来并做得很好。

那段时间，工作正忙，老家打电话来，说孩子的爷爷突然摔倒，脑出血住进医院。那个电话一下子把我们的平静日子打破，孩子的爸爸急急请了假就火速飞回去，我也天天数个电话打回去，询问老人的病情。心里着急牵挂，胃又在隐隐作痛。孩子读书，初三了，临近中考，紧张得不得了，每天晚上还在学校上晚自习到九点多。可自从爸爸回老家，她就把自己在校的自习时间改了，每天只在学校待到八点多就回来。回来，也不多说什么，在自己的屋里温习功课。

“淼淼，你们学校的自习时间又改了吗？怎么这几天都回来得早啊。”那天看到她又早回，忍不住问。

“没改啊。我故意早回来的。回来陪着你。”极不经意的一句，忽然让我的心里酸酸甜甜的。“还有啊，我以后早上起来在家里晨读了，所以，从明天早上，我要起来给你做早餐。说吧，你想吃什么?”再说出这一番话，像个底气十足的酒店大厨。可她除了会蒸白米饭，做稀粥，其他什么也不会。

我还是很爽快地答应了她。我告诉她我想喝小米粥。

第二天早上，六点钟，外面还黑黢黢一片，她就悄悄起床了。洗漱完毕，进厨房，洗米下锅，点火煮饭，然后再进自己的房间去读书。她做那一切时，我已经醒了，她做的每一步，都清晰地传到我的耳朵里。躺在黑暗中的床上，心里有软软的暖，也有柔柔的疼。可我还是忍着没起来。一直到厨房里小米粥的香气溢过来，一直到她走到我床前来叫我：“妈妈，小米粥煮好了，在锅里，我去上学，你一会儿就起床来吃哦。”

“好，谢谢宝！我这就起。”

看我在穿衣起床，她极开心也极放心地背起书包上学去了。

一小锅黄澄澄的小米粥，在冒着腾腾的热气。煮得没妈妈煮得好，水放少了，煮时不知道掌握火候，更不晓得何时拿开锅盖子，米汤有些溢，锅盖儿上，锅沿儿上都沾了好多小米粒。我起身，重新加了一些热水，又放锅上煮了一遍。

可这些，一点也不影响粥的美味。还有什么比孩子的爱更适合妈妈的胃口?

跟一位女邻居聊起这些事，她气得直翻白眼：“有你这样当妈的吗？还好意思说出来。”她家女儿比淼淼大一岁，今年十四岁，像这样的事情妈妈是绝对不会让她做的。

这位妈妈，典型的保姆式妈妈，只要是孩子的事，事无巨细，她都一定要亲自过问。孩子喜欢吃什么饭，喜欢穿什么衣，甚至孩子平时学习用的一些纸笔，她都得亲自跑到文具店去买回来。她还不到四十岁，就辞掉工作，把所有的视线转移到孩子身上。还有不到半年，孩子就要读高中了，她已经在打听学校周围的房价，准备租房子去照顾孩子。问我去不去陪读，我说不去。她又瞪大了眼睛：“你太狠心了，孩子这么小，吃饭怎么办，衣服谁给洗?”

可这位固执的妈妈，当谈起孩子是否懂得照顾体贴大人时，她的眼眶儿又红了：“我们那个就是一个小白眼狼，她只知道从她老妈这里索取，却从来不知道顾惜我们的。有次我在厨房杀鱼，不小心把手指切破了，我疼得把刀都掉地下了，你猜人家怎么着，坐在电脑前没事儿人一样一动没动…… ”

“你得适当给孩子向我们表达爱的机会，你不能把这个权利悉数收为己有。孩子要想向我们表达爱，还得有这个机会啊。再说，爱人也是一种能力，需要我们慢慢来培养的。”我对她说。她听不进去。她说，自己又不是不能做，为什么还要去辛苦孩子？爱的能力还需要培养？在她听来是天方夜谭的事。

爱人爱己的能力，当真是需要培养的，没有谁一生下来就会。一个生活在爱的环境里的孩子，长大了自会是一个充满爱心的人，一个自小生活在冷漠的环境里的孩子，长大了也难弃心中那份阴冷。所以，从孩子懂事起，我们就该刻意告诉他们，要想得到别人的爱，就要先学会爱别人，爱要从身边的小事做起，从自己的亲人做起。我们不但以言语这样教导他们，还需从自身做起，以身作则，让自己先做一个会爱的人。每年节假日，我们都会带孩子回老家去看看家里的老人，农村条件差，孩子有时嘟着嘴不想回。我们就给她讲爷爷奶奶姥姥姥爷这些年的不容易，还有她很小时他们对她的呵护与关爱。听那些往事，孩子的心慢慢变得柔软温暖，后来，不用我们说，她会记得提醒我们该给家里打电话寄东西或者定个时间回去看看。

爱，当然不止这些。爱亲人，爱朋友，爱一个与自己毫无血缘关系的陌生人，爱身边一只无助的小狗小猫，爱脚下的一棵小草一朵小花，爱国家，爱这个蓝色的星球……爱的范围太广，每一种爱都需要我们在孩子幼小的心田里播下一颗相应的种子，然后以百倍的耐心与爱心慢慢培育那颗种子，让它在孩子心里生根发芽，慢慢长大，让它在孩子的心里长成一片爱的森林。

爱会使这个世界变成美好的人间，有爱的人终生都不会孤寂寒冷。

6 好书如良师

炎炎夏日中午，外面烈日烤得整个院子都发烫。邻居奶奶坐在屋子里的风扇底下，跟奶奶东家长西家短的聊。旁边的电视上正在播放动画片《喜羊羊与灰太狼》。估计是两位老人谈话声音高了，男孩把音量调得很高，还不过瘾，整个人不断往前挪，最后几乎要趴到电视画面上了。

“你们别说话，行不?！我在看电视。”他看到精彩处，那边说话的也说到热烈处。他有点恼，回头很不高兴地冲奶奶嚷。

“哦，我们小点声小点声。”两位老人声音立马小下去。老人说话大声也习惯了，没过两分钟，音量又不自觉调高了。

“让你们再说。”谁都没料到他会忽然从电视机前跑到两位奶奶面前，一只小手捂一张嘴，坚决不再让她们开口。

那位邻居奶奶的脸一下子就红了，搭讪着站起来就朝外走：“好好，我们不说了，我家里也有事，回去了。”

男孩奶奶的脸更红。那边，他还在挺着脖子赶人家走。

“怎么可以这么没礼貌啊，这可不是好孩子。”妈妈在一边早看不下去，想趁机教育他一下。没承想，他又脸红脖子粗地冲妈妈来了：“谁要你管！”

傍晚，妈妈陪他坐在桌边写作业，看他小手抓着笔写得飞快。扫一眼他写下的字，横不横，竖不竖，行也不分，跟一团揉到一起的乱草差不多。

“咱们写慢一点儿，好不？要按笔画顺序来写。”妈妈耐着性子教他。

“电视里的动画片要开始了。”他头也不抬，下笔如飞。

“这个小孩被电视给迷坏了，得适当给他控制一下。”

“控制，怎么控制？各种办法都想过，就是给他断不了。”

迷恋电视的事倒还小，那个假期妈妈在家待了些天，发现他浑身的毛毛刺刺，脾气极为暴躁，动不动还想对爷爷奶奶动动拳脚。吃饭挑食，八岁了，还得爷爷奶奶一口一口追着喂。妈妈拉他到跟前给他讲道理，能起一会儿作用，可也只一会儿，过一会儿，旧态复萌。拉下脸来吓唬他，他翻脸比大人还快。标准的一个“小霸王”。

过完暑假，妈妈又要到外地去工作了，却一直无法放心老家的他。他八岁了，该有的好习惯基本没有，坏毛病倒是一大堆。爸爸妈妈在外工作，常年不着家，偶尔回次家，娇宠还来不及，根本没时间管教他。

“电视对他影响太大了。”妈妈在电话里跟孩子的奶奶说。

“可不让他看电视，他又能做什么？这里的孩子，放学回家，几乎个个都坐在电视机前。”奶奶说。

给他寄那一大箱子书之前，妈妈在电话里跟他商量了好久。从小长到那么大，他所接触的书也就他的几本教材。读书，在他的生活中还那样陌生。

“宝贝，妈妈这里有一大箱宝贝要送给你，你要吗？”

“什么宝贝？”

“书啊。里面什么都有，小猴子、小狮子、小红帽，全都有，比喜羊羊好看多了。有拼音，你现在就能看。”

“好啊，寄来吧，我看。”答应得倒很痛快。

放下电话，妈妈飞奔到邮局，把那一大箱子她精挑细选的书寄回去了。童话、寓言、成语故事，选的是那些内容有趣且浅显易懂的书，有拼音、有注释，以他的水平，完全可以读了。

在等书到家的那些天里，他显得很是激动，不断在电话里向妈妈询问：“妈妈，你寄给我的宝贝什么时候到啊。”

“快了，耐心等着。不过，妈妈可是有个条件的，你读了那些书，要把书里的故事讲给爷爷奶奶听，他们都不认识字，你就当他们老师吧。”

“行。”

后来，书到了，他一本本翻开，喜欢得不得了，一下子沉浸到那片于他来说完全陌生的世界中去。读到高兴的地方，端着书去找爷爷奶奶，一字一句念给他们听。有时候也会在电话里跟妈妈交流一下：“妈妈，昨天我读了一个好玩的故事，笑死我了……”

“什么好玩的故事，讲给我听听吧？”妈妈趁机在电话里启发他。

他便在电话里滔滔不绝地给妈妈讲开了：“有一个小孩子……”

“你明白这个故事告诉你什么道理吗？”

“当然明白啦，讲小孩子不能说谎随便骗人啊，骗子没有好下场。”

“讲得对极了，宝贝这么聪明啊。我也读到一个好故事，讲给你听听……”

“好啊，咱们互相讲。”

为了促进孩子读书的热情，妈妈寄回家的书，买的时候都是两份，孩子一套，妈妈一套，那样的亲子式读书让母子二人很容易找到共同的话题，孩子读书的积极性也很容易被调动起来。

知道他有浑身的小缺点小毛病，妈妈也愿意给他足够的时间来改正。只是没想到他的变化来得如此之快。他对书的痴迷很快超过对动画片的痴迷。每天写完作业，他不再急着去开电视，而是急着打开一本书来读。最初他还有耐心给爷爷奶奶读书讲故事，后来，他觉得那个过程会打断他读书的思路，就不愿意再讲了。爷爷奶奶不识字，但绝对配合孙子。他在屋里读书时，他们安安静静地在一边，把自己喜欢看的电视节目也停掉了。他们知道孩子读书要有一个好的环境。

爱上读书的孩子，在书里发现了一片多姿多彩的世界，找到了一位无言的良师。

“奶奶，摆放东西要有顺序，下次用时一下子就能找到，这样才不会浪费时间。”他开始用自己学到的东西来教育奶奶。看到奶奶菜板上放了乱七八糟的东西，他帮奶奶一一收拾好。自己的东西也不再像以前那样乱扔乱放，每天晚上写完作业，看完书，把书桌收拾得干干净净，就连晚上睡觉脱下的衣服鞋子也得收拾得整整齐齐才上床。

“妈妈，我现在写字好多了，老师表扬我了。我每天都练字，贵在坚持嘛。”电话里，他跟妈妈说话，不似以前那样嗯啊乱应，一说一套，偶尔还蹦出些成语、谚语什么的。现学现卖，不过用的都挺是地方。妈妈在电话里将他大大夸奖一番。他在电话里“啵啵儿”地亲她。

字写得不好，作文不会写，阅读理解能力太差，上课老开小差……这些毛病在他爱上读书半年之后，几乎全部被他自行克服掉了。字写得规范了，作文被当做范文来读，阅读理解能力提高了。有几次，语文考试竟然得了全班最高分。尝到读书学习的甜头，他的劲头更足了。每天翻开一本课外书来读，已经成了他日常生活的一部分。

中国古人讲，书中自有黄金屋，书中自有颜如玉；最擅长教育的犹太人则把蜂蜜抹在书本上给不谙世事的孩子看。好书的力量真的无可估量，在这个让人头疼的“小霸王”身上，妈妈真正体会到这一点。让孩子爱上学习不难，先教孩子爱上读书。教孩子爱上读书也不难，把握孩子的心理，由易到难，循序渐进，如果条件许可，家长先做一个爱书人，以身作则，榜样的力量是无穷的。

7 管理好自己的时间银行

这个世界上有很多很多的银行，有钱的人往里面存钱，存钱的数量与存钱人的财富多寡有关系。钱多的可能存得多，钱少的自然就存得少。于是就有了贫富悬殊，有了所谓的高低贵贱。

世界上也有另一种银行，是不分贫富贵贱的，它给每一个人都存上一笔相等的财富——时间。我们叫它时间银行。每天二十四小时，每个小时六十分钟，每分钟六十秒，谁的时间银行里都是这样子的，不多一分，不少一秒。然而，对这一笔财富的支配，却是因人而异的。有人分秒必争，一天里就做了别人几天甚至几年时间里才能做到的事，对于这样的人来说，他时间银行里的财富被他利用发挥到极致；有些人拖拖拉拉，混天熬日，一辈子就那么浑浑噩噩地过去了，他手里的时间，于他来说无异于一堆废品，什么精彩也没给他换回来。最终只剩一句“少壮不努力，老大徒伤悲”的空空叹息。

跟很多家长朋友谈起来，他们似乎都在为一个问题苦恼：孩子做事拖拉，没有时间观念。

下午放学，回家，放下书包，并不急着写作业。先打开电视机，再打开一包小零食，边吃边看，津津有味。如果不是妈妈来催促该去写作业了，电视里那些没完没了的动画片可以让孩子一直兴高采烈地看下去。开始写作业，心思却还在想着另外的事情，一会儿整理一下桌子，一会儿又跑出来倒杯水。离第二天交作业的时间还早着呢，反正能在那天晚上完成。这就是大多数孩子的想法。他们觉得只要在第二天上课之前把老师的作业完成上交就万事大吉。爱玩爱动，是一个孩子的天性。相信身边会有很多很多这样的孩子，他们并不曾意识到时间对于他们的宝贵性。还小呢，离考初中还远，离读高中更远，将来读大学参加工作，那更是远得看不到的事情，你们觉得你们的时间银行里有足够的时间供你们挥霍支配。可是孩子，你也要想想自己很小的时候就读过的一首诗：明日复明日，明日何其多？从一个短的时期内来看，孩子当然是时间的富翁，但从一个人的一生来看，一生，就那么长啊。谁又能活出两辈子？

你们又是否知道，在你们发呆、看指甲、出来倒水喝、东瞅西瞧的那个过程中，有什么东西正在悄悄地从你们的眼皮底下溜走吗？永远都不会再回来。那就是你时间银行里的时间啊。你又想不想知道，另外一些孩子，他们是如何支配自己手里的时间？他们放学后，第一件事是先认真完成老师布置的作业。在那个过程里，他们是专心致志的，读书、写字，把要掌握的东西牢牢地记在自己的脑子里，而不仅仅是把它们写在老师要看的练习本上。因为专心，他们可以在很短的时间里就高效地把当天的任务完成了。之后，他们就可以更加自由地支配那一天自己手里剩余的时间。他们可以轻轻松松地看会儿电视，可以到楼下小区里跑跑跳跳活动一下筋骨，可以看一本自己很喜欢的课外书……总之，因为他们会充分合理有效地利用时间，他们就能在同样的时间里做更多有意义的事。就这样，他们每天都比别人多做一点，多收获一些，长此以往，他们又怎能不比别人取得更优异的成绩呢？

看央视《百家讲坛》的一期节目，是范曾讲述的《回归古典之美》，短短几十分钟节目时间里，范曾大师引经据典，口若悬河，他竟然能一口气将屈原的长诗《离骚》一字不差地背下来，让现场的观众叹为观止。范曾是一代书画大师，他擅长中国人物画，兼长诗文、书法，并广泛涉猎文史哲领域，对中国传统文化艺术有着独到的见解和研究。中央电视台《我们》栏目组曾邀请范曾先生讲解中国传统文化，录制了《中国国画之美》《中国诗词之美》《中国书法之美》，节目播出后引起观众的广泛关注。我也曾一期不落地把那些节目看过，看过之后对范曾大师产生强烈的好奇心——一个人怎么可以有这么多的精力，在一生中同时做好这么多事情。在网上搜他的书来看，散文集、文学评论集，还有他的人生自传。读过之后才恍然大悟：“我每天早上五点钟起床，看两个小时的书，然后再出去锻炼……”先生今年七十多了，这个习惯从他学会读书认字就跟随着他，一直跟随了这些年。读过这些，相信就没人会再对他所做的那些觉得奇怪了。他时间银行里的时间，已经被他运用发挥到极致。

学会管理自己的时间银行，从小学会做时间的主人，这对每一个人来说，都将是受用无穷的好习惯。

8 抵制诱惑，管好自己

一根网线，一方小小的荧光屏，手中的鼠标拖拖点点，通往世界的窗，刹那洞开。一个怎样五彩纷呈的世界啊，大到国家国际大事，小到街头巷尾的民间奇谈，只要你想看，坐在电脑前，鼠标一点，那些信息便如潮水一样涌来。真个是足不出户，世界尽收眼前。

多好的日子啊。清晨从床上睁开眼睛，跳下床来，先不忙着洗漱，跑到电脑前，开机，宽带链接，QQ、MSN 先登录，看看是否有朋友留言；博客，微博，进去转一圈，看是否来了新的粉丝。邮箱也要进去看的，虽然常常一周也收不到几封信，习惯了。一圈儿转完，再慢悠悠打开 QQ 音乐，优美的乐曲声中，新的一天开始了。

是的，那只是一个开始。接下来的一天，基本还是在电脑前度过。一个网站一个网站地浏览，寻找自己可用的信息；一条又一条的信息回复——好友栏里加了上百个好友，从早到晚，总有闲适的人，给你寻找话题。时间过得真快啊，一转眼，数个小时过去，眼睛发涩、大脑发胀，自电脑前站起来，腰酸背痛，心里却忽然空得要命。转来转去，没找到自己想要的东西，又一天就那么悄然溜过去了。

发狠，要疏离网络，不再无端浪费光阴。想得挺好，第二天一起床，什么都忘记。新的一天，又在重复旧的过去……

这是一种病，自制力一般的年轻人中，此病蔓延得尤其厉害。朋友跟我谈起这些来，说她也曾是此病的受害者之一。几年网络生活过下来，除了在网上结交了一些蛮不错的朋友，发表了一些文章，再有就是一身的不适——颈椎腰椎有了麻烦，脾胃不肯好好配合工作，恬静的睡眠越来越难找，气血不足外加肝郁……

那天陪朋友一起去医院，给朋友号脉的是一位年过七旬的老中医，头发银白，却是面色红润精神抖擞。她是退休之后又被返聘回医院的。“丫头，你可得好好注意你的身体了，这么年轻，就把自己弄了这一身的病。”老人边给她开药边开导她，“生命在于运动，你这些病，典型的运动缺乏又思虑过多引起。你看我，七十多了，现在每天还坚持去游泳，一口气游个一千米没问题……”

朋友听从了老中医的话，果断地与那个缤纷的世界保持距离。她说她不想自己的健康与快乐被绑架吞噬。

著名学者熊培云曾经在文章中如此写道：我现在要做一个非常艰难的决定：若非必要，以后一定少上网。我热爱生活，并且喜欢安静。我更想坐在阳台上读几本书，懒洋洋地过一个上午，而不是坐在电脑前，与世界抱成一团。这一段话一定道出了不少被网络绑架者的心声。

不再与世界抱成一团，你会忽然发现自己成为一名富翁——一个时间的富翁。日子里凭空多出了大把的时间，可以安静地读书了。书架上一批又一批的新书买回家，有些连外面的塑料封皮都还没有拆掉。一本一本拆开来，慢慢地品读。书香中，一颗躁动不安的心终于静下来，听书画大师谈我国的书画之美，在唐宋八大家的诗文山水里忘情徜徉，厚厚的宋词元曲鉴赏辞典，不再急着一口气读下去，一天一首，用心抚遍。才发现，不带任何功利心的读书，是一种怎样的生命享受。

读书写作累了，走出家门，走向郊外。初春江南，乍暖还寒，却已是遍地蒙绿。黄灿灿的菜花开了；稻田里灌足了水，等待绿色的秧苗；白色的水鸟，翩翩舞于水田上空，像天空里散落的快乐音符；黑色的水牛在田边啃草，甩尾扬头，悠然从容……风斜斜地刮过来，携着细细的雨丝，扑面，却不寒凉。撑一把素色的雨伞，走过一片又一片草地，眼帘被这个季节染成了绿的，心欢快得像解冻的小河。这种欢乐，太过久违了。再次与它亲密拥抱，竟有一种脱胎换骨的感觉。

与这个世界隔开了一定的距离，世界也没有因此而发生半点改变，自己的生活却是天上人间。运动多了，身体健了，心情好了，思路活了，待人接物，都不再似以前那样满腹怨气。曾经以为离开了网络就离开了生活，自己的写作会就此枯竭，朋友会远去。其实不然，生活就在我们身边，在一颗有着大自在的心里面。

一段时间过去，去朋友的博客里转，发现她比原来快乐许多。她说自己的快乐曾一度被网络绑架，一番努力，终于挣脱。

放眼我们的生活，快乐被绑架的例子，还有太多：幸福被房子绑架，爱情被金钱绑架，工作的快乐被功名利禄绑架……说到底，不过是欲望惹的祸。滚滚红尘，诱惑无时无处不在，作为奔波在红尘中的成人尚且不能避开，何况是还未能谙尽世间滋味的孩子？你打开一本书，准备认真复习功课，电脑里新出的游戏却在不断地向你召唤；你人坐在教室里，老师在课堂上苦口婆心地讲，心却不知飞到哪片云端；你曾为同学身上的一件名牌服装而暗自艳羡，又自叹自己不能拥有那样的条件；你知道那些朋友会带你走向远离正确行道的危险滩涂，却难以说服自己离开他们，因为你喜欢那份热闹……此类种种，皆是诱惑。它们是你前进路上的荆棘，伸出枝枝蔓蔓欲待牵住你的衣角阻你前行。

如何来抵制诱惑呢？有理想、有目标，是抵制诱惑的第一强大动力。有了这两者，在诱惑面前，你就可以说服自己，果断抛开它们，朝着自己的目标果敢前进。事实证明，一个人理想越是高远，目标越是明晰，抵制各类诱惑的能力也就越强。曾经认识过这样一位中学生，她也曾经是一个很爱玩的孩子，电脑上的各类小游戏，不断更新的动漫片，都曾牵扯过她的精力，甚至曾经影响过她的成绩。临近中考，她果断地与那些东西告别，她有一个很清晰的目标，要考上那所城市最好的重点高中，她得为此努力。在她的 QQ 签名上，她这样写：对自己仁慈就是犯罪。看得出来，她也是与各种诱惑，作过顽强的斗争的。看到这个孩子的签名时，我打心眼里佩服她。

对自己的仁慈就是犯罪，在面对各种诱惑之时，有时是很需要对自己“狠”一点儿的。

9 友情的能量

数年前，我才学着上网，然后给报纸杂志写一些小稿子发出去。第一次用电子邮箱，每一次发邮件出去，看到对方立即回复过来：您的来稿已收到，勿念！心里惊奇又感动得要死，多么敬业的编辑，又多么凑巧的时机啊——我每一次发稿过去，可巧他就坐在电脑前面，每一次他收到我的稿件都那么及时地回复我。他的这种“及时”回复，像一剂剂兴奋剂，催促着我一篇又一篇地炮制着稚嫩又拙劣的稿子，然后急匆匆发出去。那些稿子，多是泥牛入海，除了一封“您的来稿已收到，勿念！”这样的回复，就再没有下文了。

后来，我知道了，那是人家邮箱里设置的自动回复。

他是什么时候出现在我的QQ好友栏里的，忘记了。但他以师者的面目出现，我却不会忘记。在我歪歪扭扭走过的文字路上，他曾经给过我很多的指点与鼓励。

“你的文字很好，清丽，流畅，要是故事性再强一些就好了。文似看山不喜平。”

“文字越来越平实有张力了，好好写。”

“为文为人都不张扬，我最喜欢的作者该是如此。”

……

我坐在电脑荧光屏的前面，看他发过一行又一行的信息，一颗心激动得“怦怦”乱跳。都说网络上的东西披着一层虚假的外衣——人、事、情，都不过是雾里看花，不必过于当真。我何其幸运，一出门就遇上良师。依着他的指点与建议，沉下心来去琢磨杂志的用稿风格、栏目设置，去学习别人写作中的优点长处，也在闲暇之余，拼命读书来填充自己。

日子一天天过去，我已越来越沉迷在自己营建起的文字世界里。我和他，也已是很熟悉的老朋友。说话交流，彼此间少了很多客套，多了几许随意。他由原来的文化公司跳槽，到了一家新的公司，不再从事文字工作，对我的关注却没有减少。有时思路闭塞，发稿不顺，我也会朝他发发牢骚，他给我的却一直是鼓励。

“你的文章越来越有读头了。谁的写作也不是一帆风顺的，都会遇到瓶颈期，慢慢来，别着急。写不下去的时候不妨出去走走，或者静下心来读一些书。”

“好的，谢谢。”

这一句“谢谢”是发自我内心里的声音。我感谢他在我懵懂的初学阶段给我指点迷津让我少绕弯路，也感谢他在我苦闷无着时给我鼓励让我继续有信心坚持走下去。

人生一世，遇上了，结伴走一回，倾心谈一回，也算是一件幸事吧。茫茫大苍，千万次人潮涌动的人流中，没有遇上他，没有遇上她，却单单遇上了你。冰冷的漫漫长夜里，曾经给过彼此温暖，春花秋月的美好时光里，曾经共享彼此的喜悦。欣喜看着你的点滴成长，默默努力渴望与你同步。真正的朋友，不光是寂寞寒冷时互相取暖，还会在庸常的岁月里互相打磨彼此激励。友情，本就该是一种积极正面的能量。

可凡事都有它的两面性，友情也是，好的友情是一种积极正面的能量，坏的友情也能把人拉入泥潭深渊。有句老话说“近朱者赤，近墨者黑”，一直到现在还有警醒世人的力量。因为结交坏朋友而走上歧路的例子实在太多了，不必列举，想来大家都有所见闻。所以在孩子初次踏上社会之时，我最想告诉她的就是一定要学会选择朋友，交对朋友。

进入中学阶段，男孩女孩都慢慢进入青春期，每个孩子的人生观、世界观也慢慢树立起来，这个时候，对朋友就要有一定的选择。淼淼刚进入初中时，曾经与一位小女生特别要好，两个人上课下课都腻在一块，两个孩子本来都是那种活泼的孩子，两个人到一起互相比着疯，越发活泼得不可收拾，有些过分了，招同学烦，也影响了学习。老师暗示她们，教育她们要注意分寸，效果却不大。老师有点急了，打电话找到我让我私下里跟孩子谈谈。有天放学回家，我拉她坐在我身边跟她谈起这件事。起初，她对老师和我的做法很有意见："你们大人怎么那么多事啊？跟谁做朋友也要管。"我对她讲选择朋友的重要性必要性，她听进去了，刻意与那位女孩子保持距离。此后，老师也采纳我的建议，把她和那位女生的座位调开了，给她们都换了一个性格文静的同学。淼淼很快就和新同桌混熟了，并且慢慢被新的同桌影响感染。新同桌是一位特别文静又特别爱看书的女孩子，她和淼淼刚好形成互补。淼淼在她的影响下开始回家翻找出唐诗宋词来看，她在淼淼的影响下慢慢喜欢上数理化。一个学期下来，两个人在各方面都有长足的进步。她终于理解了我们当初的良苦用心。

读好书，结良友，人生两大赏心乐事，也是一个人一定要做的两件事。其实，从另一个方面来说，这二者又是相通的。一册好书在手，无异于良友在身旁，挥你眼前迷雾，点你胸中迷津；一位良友相伴，恰似拥一本好书在手，这本书，从头到尾，都散发着一股迷人的魔力，吸引你孜孜不倦地读下去。

10 生命是一趟负重的远行

"我有抑郁症，所以就去死一死，没什么重要的原因，大家不必在意我的离开。拜拜啦。"

短短的三十几个字，是那个叫走饭的女孩留给尘世的最后几句话，2012年3月18日，一条年轻的生命就此定格。一场死亡的约会，在她的眼里，就如同去会一会一位老友，那么轻松，随意，似是去去就来的事情。然，芳魂已去，此生已无归程。多少热心的网友，将心痛与不解遥寄轻赴天堂的姑娘，愿天堂里没有抑郁之苦，愿她从此活得轻松快乐。这些缀满泪水与心痛的阴云，这些充满感情的祝福与祈祷，也不过一阵风的事情，风吹云散，大家的日子依然。远去的已然远去。那份痛，怕是却要永远留在她身后的白发人心里了。白发人送黑发人，一份生命无法承受的重。

抑郁症，到底是什么？它到底有着多么强大的力量，让人感觉生不如死，视死如归？对于这种病，从专业的角度，我了解不多，所以不便对走饭的选择评头论足。但我却无法在众多的跟帖后面加上一句：走饭，一路走好，愿天堂里的你从此生活得轻松快乐。

生命本就是一趟负重的远行，姑娘啊，你本就是临阵脱逃。对于一个临阵脱逃的将士，让我们如何为她祈祷？

十八岁的我，与走饭一样的年轻。从一个遥远的大山里头走出来，走进京城一所美丽的校园。新生活，带给我的却全然不是欣喜，而是铺天盖地的灰色自卑。灰扑扑的衣着，清贫的物质生活，不再出色的成绩，除了读书，没有任何文艺特长，体育课上因为学不会一个简单的华尔兹动作总是提心吊胆，远离亲人家乡，身边找不到一个可以诉说心事的朋友，一所不入流的大学，前路迷茫，看不到未来的方向……一个又一个漫漫长夜，一个人躲在天蓝色的小围帐里，体味那份钻心蚀骨的痛，任无声的泪水将枕头打湿。那时候，身外正是繁华热闹，没有人会注意到我。那时候，我只当自己是他们所讲，一个多愁善感的人。其实，想来，我也是陷入那方可怕的泥潭。我找不到活着的希望与意义。

不负责任的青春冲动，也是有过的。为了一封远方的断交信，轻轻就将手上的英语四级考试证撕个粉碎。饿了几天的肚子，省出一张去远方的火车票。去要一个理由，是怀着有去无回的决心去的——曾经拼了命一样拿到的大学通行证，在我眼里已是一张废纸。那个时候，不是没有人伸手来拉过我。同室姐妹，曾经一夜又一夜地坐在我的床前，哄我，劝我。系里的老师，曾经苦口婆心地教育。我一一点头答应着，回转身，眼泪又溢出来：谁能替我承受心上那份剧烈的疼？那份无言的委屈？

寒风烈烈的滨海码头，今生难忘的一个场景：一身风尘饥肠辘辘的人，拉着简单的行李，站在波涛茫茫的海边无望地目送那天过海的最后一班轮渡远去。电话打过海那边，那边的人无情地回："没有轮渡，我也没办法过去接你。明天再说。"曾经的暖与爱，已变成凌厉的冰刀。手握听筒，只听见心底那个越来越大的声音：死了吧，死了吧……

可我终究还是收住了迈向海水的脚步，因为电话里一声无异于炸雷："我已经给你妈妈打了电话，她现在已经从老家动身，今天夜里就到……"

那一次，他没骗我。夜半，我慌里慌张的母亲竟从几百里之外匆匆忙忙赶来了。

异地他乡，身陷绝望之境的人，又冷又饿，在那方小小的候船室里见着远道而来的母亲。没有责怪，甚至没有只言片语，只一句："我可怜的孩子……"一个不够强大却足够温暖的怀抱向我轻轻张开。积压在心中多少时日的苦与泪，顷刻间崩泄而出，伴随着那些泪与痛，后悔与后怕也一并痛快地涌出来。如果我选择了轻轻一纵身，那一刻，我那从几百里外连夜赶来的妈妈，又将拥抱谁？

跟母亲回家，然后再乖乖地回学校，去将没念完的书认真念完。痛，依旧如影随形，心却在那一趟远行之后变得坚硬坚强了许多。很多泪，能忍的就忍回去。忍过了，走过去，回头，看看真的没什么。

有一位朋友，也不幸患上严重的抑郁症，去看医生，吃过很多药，却收效甚微。她也曾日夜纠结在生死之间，后来某天，再见到她，却见整个人神清气爽，已换成另一个人。问她有何灵丹妙药，她嫣然一笑：爱。

她的那份爱，起自她年幼的小女儿，源自她心底那条不曾干涸的母性之河。她曾经以为，抑郁症，只是她一个人的事，她吃不下，睡不着，她日日夜夜被那份黑暗与阴冷包围，都是她一个人的事。可后来的事实却大大地吓到了她，她年仅五岁的小女儿，一个活泼可爱的快乐小天使，不知从哪天就变得安静，不再唱歌跳舞，不再缠着爸妈讲故事，再后来，小天使就变得爱哭，脾气暴躁无比。带着女儿去看心理医生，医生的话瞬间将朋友打入冰窟，孩子竟然也有抑郁症的倾向。五岁的孩子，抑郁何来？妈妈的影响，毋庸置疑。

我自己知道这份苦楚，我不想让自己的孩子再来重复我的路。就是从那天起，这位妈妈决定强行改变自己。配合医生，按时吃药，推掉手上的工作，带着孩子融入大自然，带孩子去孤儿院做义工……

有些坎儿，迈不过去，不是因为坎儿太高太难迈，而在于你自己愿不愿意抬起脚。

生命本就是这样一趟远行，你背上的旅行袋里，除了装着你自己的追求、梦想、你自己的喜怒哀乐之外，还有那千丝万缕与这个尘世扯不断的情缘。那是父母牵挂的目光，那是幼子浓浓的依恋，那是爱人默默的关怀，那是兄弟姐妹殷切的叮咛……青春的，易伤的，易冲动的，美丽的，脆弱的……多少人都曾经从这条路上走过，慢慢成长，左手牵老，右手携幼，再严重的抑郁寡欢、苦痛沉重也会让人坚持着走下去，不再轻言放弃。责任与爱使然。

11 小美好成就的大美好

村不大，全村的男女老少不过几十户，近百号人。

村很美，背靠青山，前绕绿水，一畦一畦的稻田，春日波光粼粼，夏日碧绿如茵，秋日又变成一片金黄。

村里人，安安分分，守着田，守着家，守着祖辈流传下来的生活方式。

菜摊儿很小，或者根本称不上一个菜摊儿，不过三筐两捆从自家地里摘下来的青菜，自家吃不完，一捆一捆秤好绑好，拿到村头那棵古榕树下，旁边放一只装钱的小小塑料袋，塑料袋用一块砖头压在菜筐旁边。卖菜的主人做完那一切，就转身回家。该喂猪喂猪，该下田下田。只等傍晚时分，忙完了自己手中一天的活计，去榕树下收摊儿。

筐里的菜已经没有了，旁边的袋子里装着零零散散的钱，几块，十几块，多少不一。一块钱一把的菜已被人前来买光了，钱是一分一厘都不少。前来收摊儿的人连数都不用数，只挑了空筐子揣了钱袋子一脸平静地回家去。

村口的这个自动售菜摊儿，是村里祖上流传下来的。谁家都可以把菜放到这里来卖，谁家都可以拿了钱来买，多少年，多少代，从来没有出过任何差错。

没有人会少给钱，没有人会去动筐子里的菜袋子里的钱？有外来的游客，面对那个无人守的小菜摊儿满脸惊疑。

怎么会呢？别看小菜摊儿小，可是我们村子的一张脸，是我们老祖宗的脸。谁都不愿意丢我们村的脸丢我们老祖宗的脸。回答的人一脸的笃定。

拿到最新一期的一本《小说选刊》，没翻看内容，先被封面上的照片吸引了去。

照片题为《在雨中》，画面上，风狂雨骤，一位身着白色上衣的残疾老人背向读者惶惶前行。一条枯瘦的腿，裤管挽到膝盖以上，一块助他前行的简易滑板车，一只黑色的背包，是老人所有的家当。风雨中看不清老人的表情，却能猜想到他那刻的无助与栖惶。

那个手持淡紫雨伞的年轻女孩，出现的多是时候。短发，粉色上衣，黑色长裤，白色的旅游鞋子，略弯了腰，将那把雨伞全部遮挡在了老人的头上。她陪着老人，慢慢地在雨里走。她自己的粉色上衣已经完全被雨打湿，紧紧贴在背上……

她在向老人说些什么？安慰他慢慢走莫着急？还是什么也不说，只让自己手中的雨伞默默给老人送上一小片无雨的天空？

苍老与青春，忧伤与温暖，在那个暴雨如注的夏天定格成尘世最美的一幅画。

有段时间，我忽然心血来潮，跑到花市买回好多的花，摆了一阳台。当然都是一些好养活的花，四季兰、仙人掌、四季玫瑰、栀子花……那盆我连名字也叫不上来的花，是第一个到我们家里来的，就放在阳台一角，风吹日晒雨淋，慢慢就将它忘记了。夏天来到，家里来人装空调，师傅们只顾着忙，一下子就将它从阳台上扫到楼下。花盆儿碎了，那棵灰扑扑的草就被晾在了地上。一棵原本就不怎么受我待见的草，掉下去就掉下去吧。我只往楼下瞟了一眼，看它躺在草丛里，妨碍不到任何人，就随了它去。

它多幸运啊，躺那里半天后就遇上正好放学归来的我的女儿。她小心翼翼地将它捧上了楼，找一个空花盆儿又将它栽进去：妈妈，它是一条生命啊，你听不见它躺在地上喊渴喊热吗？

看她蹲在阳台上极认真地给它培土、浇水，又把它那些受伤的、干枯的枝叶剪掉，我再次脸红。她是真正的爱花人，我顶多算个喜花人。喜花却不够爱花。

那一盆被孩子救回来的绿色植物，后来我们终于知道它叫袖珍椰子，如今是家里长势最喜人的一棵。旱不怕，涝不怕，阴也行，阳也行，冬天屋里再冷，它一如往常地绿。多好的一份风景啊，我们差一点错过。

“用器之人，应知爱惜；悯人爱物，始为大器。”孩子一个小小的不经意的善意举动却让我从中发现了一份大美好。

读倪萍写的《姥姥语录》，真是被她笔下那个姥姥迷住了。那个没读过书，不认识字儿的姥姥，却给我们提供了那么多质朴无华的人生智慧。姥姥说：快乐你别嫌小，一个小，两个加起来，三个加起来，你加到一百试试？快乐就大了。你不能老想着一天一百个快乐，你这一辈子能碰上几个一百的快乐？

受姥姥启发，发现我们身边的那些小美好也是如此，那些细细碎碎的不起眼的美好：陌生人之间一个善意的举动，亲人朋友之间彼此的关怀与问候，大自然为你提供的一草一木一份鸟鸣……这些，都是一些不起眼的美好，可是一个小，两个加起来，三个加起来，那美好也就大了。所以，亲爱的孩子，学会感知美好、珍惜生活中的这些小美好吧，因为正是这些小美好才慢慢成就一个大美好的人生，因为这份感知会让我们的生活变得五彩缤纷且充满快乐。

第六章

人生不会被注定——拥抱人生，做快乐的中等生

他曾是班上最笨的孩子，她曾经在高考考场上连考三年，她曾经为了50分的数学成绩而偷偷哭湿了枕头……那些黯淡无光的青春岁月，孩子，你是否正在经历。没关系，慢慢来，埋头耕耘，抬头看路，时间终会给你一个最满意的答复：人的一生不会被试卷上的成绩注定，那些曾经的中等生一样会拥有美好的人生。

1 笨鸟慢飞

那时候，农村还没通电。没有电灯，漫长的夜晚只靠一豆灯火照明。没有电视，日子却过得一点儿也不寂寞。冬天的夜晚，我家是全村老少爷们儿快乐的天堂。父母人缘极好，农闲时节，村上老老少少都喜欢到我家里坐会儿聊会儿，尤其那些十四五岁的大孩子，更把我家当成他们的据点。

小五哥哥是每天必到的一个。

留着茶壶盖儿头，鼻子下面永远拖着两条黄浊的鼻涕，上衣的前襟下摆总是一片长一片短——不知为什么他衣上的扣子总是找不对自己的家，裤子差不多常年吊在脚脖上边——小五哥哥是家里的老小，一年到头几乎都在穿哥哥们剩下来的旧衣服。那样一个男孩子形象，即便在那时的农村，也是少见。所以，小五哥哥在所有的哥哥里，给我的印象也最为深刻。

冬天的夜晚，漫长却不冷清。四五个十几岁的大孩子都跑到家里来，天南地北地侃，有时也会玩点儿小孩子们才玩的捉迷藏的游戏，却多是让我和小五哥哥去藏，他们找。那一群里头，数我和小五哥哥年纪最小，我们两个就成了那些大孩子们逗弄的对象。

大哥哥们一声令下，说：开藏！我和小五哥哥就一溜烟儿地跑了。各自找个犄角旮旯把自己藏起来，大气不敢出，等着来找。那些来找我们的大哥太狡猾，只等我们藏好，就大喊：藏好了吗？去找吧。我知道那是他们在诱我们出声呢，死活不应。可怜小五哥哥，每叫必答：藏好了，来找吧。哪还用找？哈哈大笑着就把他从一个米囤里给拉出来了。小五哥哥还一脸的无辜：我藏得这么严实，你们怎么就一下子找到了？得到的回答——脑门儿上挨一指头加一声“笨蛋”。

如此次数多了，小五哥哥就变得聪明一点儿了，再用如此招数，不管用了。小五哥哥懂得沉默是金。再换别的招儿。找了半天，找不到，就大声说：出来吧，我看到你们了。说这话时，有位大哥把我的脚给踩着了，他还故意在上面轻轻碾动了一下，疼得我直咧嘴。那也不出声。这样的招数在小五哥哥那里就不管用，他看到别人的腿，就相信别人的嘴，摸着脑袋就从藏身处钻出了。其实，人家根本就没发现他。

小五哥哥一年到头穿不了一件新衣。那次，姑妈一狠心，就给他做了一条新表新里新棉花的新棉裤。也巧，新棉裤做成了，四哥就从外面买回一条新腰带，小五哥哥看着眼馋，死活缠着要系上。穿戴一新的小五哥哥那天显得特别骄傲神气，倒背着手就进了我家的院门。那天，哥哥们不再跟我们玩捉迷藏的游戏了，改做算术题。我和小五哥哥比赛，先算对者为赢，输了的就得喝下一茶碗白糖水。结果，那天晚上，小五哥哥把肚子喝成了一个圆球。后来，是我母亲实在看不下去，不让他们继续考我们下去。

小五哥哥抱着圆滚滚的肚子飞快地朝家跑，进门就跟姑妈说：“娘，我想尿……”新腰带系着很神气，却给小五哥哥带来极大的麻烦，他只知道如何系上去却不知道如何解开。姑妈急急地去给他解开腰带，说：“好了，快去尿吧。”“尿完了。”小五哥哥满脸沮丧。喝了大半晚上的白糖水，全装在他的新棉裤里了。恨得姑妈拉过来就把他揍了一顿，边揍边骂：“小祖宗，你脑子里就没弦儿啊，人家让你喝你就喝？”小五哥哥低声嘟哝：“我算不出数来不就得喝吗？”

小五哥哥的笨，也因此而出名。

小五哥哥确实不是一般的笨。他比我大四岁。我读小学一年级时，他早已上了两年学了。我们竟然又成了同班同学。后来，我去读初中了，他还留在五年级里，成了我的学弟。初中三年，小五哥哥开始慢慢显示出他的优势来——

终于开窍，知道读书有用处了。脑子却仍然不那么灵光，死学死磕，在班上也就是个中游水平。那水平，能混个初中毕业证就不错了，家里人谁都不指望他能考上高中。他偏偏就歪歪扭扭考上了，虽然只比分数线高出弱弱的一分。

小五哥哥读高一那年，我已在忙碌着准备迎接高考了。学习紧张又忙碌，一个月不得回家一次，给我带饭的任务就落到小五哥哥的肩上。他每周都要回去一次。姑妈姑夫年纪大了，哥哥姐姐们各自成家过日子，家里的经济日趋紧张。每周来回三块钱的车票钱，就够小五哥哥吃半星期的菜。来回两百里路，他骑一辆破旧的大金鹿自行车，来来回回地丈量。

有次去小五哥哥宿舍找他有事，正见小五哥哥捧着一本书坐在宿舍外面晒他的煎饼。屋里潮气太重，小五哥哥带去的煎饼全长了长长的毛，红的、绿的、黄的，密密麻麻。那样的饭，在我，早扔了。小五哥哥却舍不得扔，他知道姑妈烙一回煎饼太不容易。一张张揭开，把上面的毛擦净，再放在宿舍门口的太阳底下晾晒一番，就可以再对付着吃了。看到小五哥哥吃那样的饭，回宿舍后我难过了好久。他却不要我给他送去的那些香喷喷的小米煎饼。他说，能吃饱肚子就行，学生不必太讲究。

读了高中之后的小五哥哥，更加用功了。父母年纪渐长，家里的费用开支也越来越大。哥哥嫂子们不但不在经济上援助他，还在背后不断地给姑妈吹风：那么笨的一个人儿，能考上大学?

小五哥哥最终用几大麻袋演算纸和一副厚厚的近视镜换回来一张几乎让所有人都吃惊的大学通知书。一所三类理工科大学，已是小五哥哥那时所能拿到的最好的成绩。学费是那个暑假自己去挣回来的。跟着哥哥们到建筑工地上当小工，一身泥一身水，一个暑假下来，苍白瘦弱的小五哥哥就变得黑壮壮的了。他揣着自己赚来的一千多块钱，踏上了开往学校的列车。剩下的那一些，他通过学校的助学贷款来缴足。

去年寒假回老家，开车过黄仁山口时，一辆白色的现代车呼一下从我们身边超过去，超过后忽然又减速慢下来。车窗摇下来，竟然是小五哥哥。算来，已有好多年不见了。此时的小五哥哥西装革履，鼻梁上架一副银框近视镜，比以前白胖了许多。小五哥哥已是我们市工商行财务科长，工作做得风生水起，在市里买了房，购了车，八十岁的老母亲不愿意跟他到城市里去，他便每个周末都抽空儿回家来看看。

谁能想到你小五哥哥能混到今天这个样儿呢？现在村上那些跟他一般大的，哪一个也不如他。回头跟母亲聊起小五哥哥小时候的糗事，仍然忍不住要笑。笑过后，又由衷地替小五哥哥的今天觉得欣慰。想起小五哥哥读高中时曾给我说的一段话来：都说笨鸟先飞，笨鸟其实也可以慢慢飞，你天生比别人笨些，就要让自己接受这个现实，知道自己哪里可以起飞，哪里必须停止，这很重要。

2 数学惊梦

这些年，常常被一个同样的梦给惊醒：考数学，面对一张密密麻麻的试卷，我一道题目都不会写，考试时间到，老师从讲台上走下来收卷，我从噩梦中惊悸醒来。醒来，常常是一头大汗……后来，再做那样的梦，竟然害怕将那样的惊慌进行到底。梦里其实知道是梦的，干脆不再在梦里绞尽脑汁地想，一看到有数学试卷出现在自己的梦里，抓紧时间想办法挣扎着醒来。

数学惊梦，缠绕了我这么些年了，到现在还固执地不去，恐怕还会在我的梦里跟我无休无止地纠缠下去。

我在数学方面的低能，并不是从小学就开始的。小学时候，我的数学成绩甚至可以说很棒。小时候跟同龄的小伙伴在一起玩比赛算算术，我总是做得最快的一个。小学时数学试卷上得到的也尽是让人满意的分数。可能是因为小学时的试题相对来说简单，而我从小又是一个勤快且比较细心的学生，得个好成绩也是很正常的事情。数学成为我的噩梦，是从初中一年级开始的。

进入初中后，课程一下子增多，但要写要背的科目我一样都学得很好，只有数学，简直让我欲哭无泪。上课跟听天书一样，老师在台上讲，我迷茫地坐在台下如坠云雾。初一第一次期中考试，我语文考了

98分（唯作文扣掉两分），语文老师到每个班上都将我的名字拎出来表扬一番；数学就惨了，50分，差不多是班上最低的分了。用数学老师的话说，你闭着眼睛做也不能做这么点分儿啊，都是最基本的东西。一喜一忧，冰火两重天，我也不知道自己到底该算是个什么样的学生了？笨吗？语文学得极好。不笨吗？数学差得提不起。

那时候在离家二十几里外的镇上读书，平时住在学校里，只有周末回家一次。其实，就是天天回家也没用，家里父母帮不上任何一点忙，他们连学堂都没进过。也不能指望在自己失意困惑时能从他们那里寻找一些安慰，所有的苦与难，都得自己扛着，自己慢慢摸索着前行。纵是语文那一科给我再多的自信与骄傲，那份自信一碰到数学就立马被打败下去。中考要的是综合成绩。我要的是顺顺当当升入县城最好的一中。

没办法，再不喜欢，再学不进去，也要捧着数学教材啃下去。就从最基本的教材着手，相信像我那样学习数学科目的学生估计不多见。拿过教材，从例题开始抄起，一道例题不少，一个步骤不落，抄完例题，照着例题依葫芦画瓢再将后面的练习题一道一道抄录到练习本上，抄完教材再去抄练习册……好在，那时候的课外辅导书并不算多，一本教材一本练习册，反反复复抄两遍也浪费不了太多时间。成效毕竟还是不错的，再考试，基本就脱离了不及格那个圈子，八十多分，不算高，但对我来说，已经相当不错了。对那样的成绩，我也基本满意。至少，中考成绩里，没有因为数学成绩把我的总成绩扯得太远。初中毕业时，我顺利升入县一中。

那年高一下学期学校就进行文理分科，家里一位早已参加工作的邻家大哥强烈建议我读理科，他的理由是文科是太虚的东西，将来就业路子太窄。我听他说得很有道理，自己也想靠一技之长在未来的社会立足，就郑重地答应了他。可一回学校，一面对那些几何代数，面对理科的公式定理、化学分子式，我的头就大了。我真的没办法将那些东西假装喜欢强行塞到我的大脑里去。我没经过任何人的同意，很果断地选择了文科。文科里也逃不开数学，至少可以不去学物理化学了啊。后来的事实证明，数学学不好，走到哪里都难逃噩梦。

高中的数学更难了，再用我以前抄书抄练习册的笨方法，效果已不明显。

因为脑子里天生缺少这方面的天赋，很遗憾在如何学习数学如何提高数学成绩方面，我真的无法在这里提出有效的建议。我只能将自己的一段经历如实记录下来。抄书不成，唯一的办法就是多做练习题。一本又一本的习题集，我做了不知有多少。简单的自己做，难一点的请教老师同学。读书百遍，其义自现，同样的道理，做的题目多了，那一科学起来也会相应地轻松一些。整个高中阶段，数学是我最讨厌的一门课，却是我花费时间精力最多的一门课。如此一来，在平时大大小小的测验考试中，我的数学成绩竟然也没有太差，百分制，得八十几分，得算中等以上。如果按照那样的推算，数学成绩不会在高考中给我扯后腿了。

那年七月，我信心满怀地走上高考考场，考试之前，几次模拟考，我都得了一百二十多分（满分一百五），数学老师对我那样的成绩还算满意，说，考场上能考那样就行。结果，我从数学考场上大败而回。现在已想不起自己是如何从考场上走出来的，还记得走出来后就哭了。都什么怪题目啊，后面的大题我有几道都不会写。我只能做做那些基本的送分题，稍遇难题就被卡了，再加上心理压力太大，遇到难题就不知道从哪里下手了。八十九分，是我那年的高考数学成绩，折合成百分制，五十九分多，不及格。那样的数学成绩直接把我的本科大学梦敲碎了，我只勉强考取一所专科学校。

如今，人已近中年，想起学生时代一场又一场的数学考试，仍止不住心惊肉跳，也就越发地理解同情今天那些为某一学科或者某几学科而苦恼的孩子。明知不是自己的优势，却还是要去努力；明明不是兴趣所在，却还是要一头扎进去。因为在通往梦想的路上，从来就不仅仅只有鲜花，还有数不清的不受人欢迎的荆棘。那些荆棘，正是你通往梦想殿堂的最大障碍，实在绕不开，你就得勇敢地踩上去。

3 不将就的人生

她天性愚笨，而我自小聪明。那时，我们在同一个学校读书，她比我低两个年级。年年期末，我捧着大堆的奖状奖品气昂昂地在前面走，她耷拉着脑袋无精打采地在后面跟。她比我小两岁，却一直躲在我身后的暗影里黯然成长。父母一直不愿意参加她的家长会，老师也从来不会注意到她。她像一株寂寞的小草，在亲朋好友们的眼皮底下，兀自长着，绿着。

她考高中，我已在县城一中上高二了。那时家里经济上已有些吃紧，她偏偏又没能考中，分数离重点高中的线还差一大截。母亲其实早在心里做好了打算，她能坚持着读完初中，在父母心里已属不易。母亲很平淡地对她说，没考上就没考上吧，女孩子家识些字已不错。就为这一句话，她躲在自己的屋里哭了整整一个晚上。第二天，面对她肿得桃子似的眼睛，母亲的心又软了：你实在想去读书，我们砸锅卖铁也供你!

她选了自己的长项，学音乐。因为她有一副天生的好嗓子，还有对歌唱特别的爱。

学音乐，于一个农家女，是一件不容易的事。拜师，短短的一节课就是几十块钱。可她还是执意找了那个学校最好的老师，她说，那样她能学得快一些。她果真不孚众望，因为她自己的努力，她很快得到了老师的赏识。高中三年，她在音乐上的进步令我们所有的人都吃惊。高考那年，她的专业课在报考的那所学校遥遥领先。可她还是落榜了，因为文化课。那次，她没表现得太伤心，默默地收拾起书包，她还要回学校去复读。

彼时，我已在另一个城市读大学。偶尔写封信，鼓励她，她却很少回信。对于她的专业，我一直看好的，可对她的文化课，我却有着深深的担忧。那道坎儿，对她来说，太难了。再次参加高考，我直接写信告诉她，要面对现实，选择一所有把握的学校。她说好，结果，她仍然被远远地隔在了自己心仪已久的大学门外，那年，她勉强上了一所市级的普通院校。

能上那所学校，在我们全家人的眼里，已是谢天谢地。母亲常常在私下里满足地同我讲：那么笨的一个孩子，能走到那一步已很不容易了。那时，我们也在偷偷地为她策划着她的未来了：毕业后，在中学做名音乐老师，平平稳稳过一生，也挺不错了。临近毕业，我已在县直机关上班了，为她工作的事，频频打电话给她。那时候，她好像还没事人一样，丝毫不领我的情：姐，你急什么呀，离毕业还有大半年的时间啊。她根本不晓得时下找一份可心的工作的难。没管她同意不同意，我还是私下里替她在镇中学找到了一份合适的职位，就等她毕业去报到上班。可她到底还是没去。她的理由很简单，不想把自己的一生就那么平平淡淡地交付了，她说自己还年轻，想去考研，那样选择的余地会大很多。在这个问题上，我们姐妹俩头一次发生了争吵。考研不是一条容易的路，况且我们家的条件也不太允许。我告诉她可以工作后慢慢来做，她固执地反击我：你倒是工作了，还有时间还有精力去为你曾经的理想奋斗吗？

我的脸莫名地红了，无言以对。

那一段路，到底走得有多艰难，我不知道。只知道，再次见到她时，她人整整瘦了十几斤。她说，姐，我每天只能睡四五个小时的觉，其余时间都用来攻英语。我没言语，心里却有几分不以为然，那样的苦，也是她自己愿意吃的。

她拿到S大的研究生录取通知书时，我们那个小村几乎沸腾了，除了羡慕，乡亲们更多的是惊奇：不是说他们家小二子成绩一直不怎么样的么，怎么就考上了省城的研究生？在省城读研究生的两年，她的生活费基本是自己出了。做几份家教，有时外面有演出活动，她也去参加一下。日子并没有我们想象得那么艰难。而那几个与她同年毕业的同学，有的去了镇中学，有的进了县里，早早地上班，拿着不多的薪水。彼此见面，除了后悔当年自己没有去拼一拼，竟没有多少别的话可讲。

如果说人生路是由一段又一段的长路一个又一个的站台连缀而成，那个站台在我们的眼里，已是辉煌。研究生毕业，当她的同学还在为如何换一个可心的工作而大伤脑筋的时候，她已很顺利地进了省城一家很不错的单位。只有一点是遗憾的，多年的求学生涯，她把自己拖进了大龄女的行列，工作后，她的婚姻大事被提上了全家人的生活日程。可我们急我们的，她仍旧悠闲自在，亲朋好友为她看好的人选，她也去看，却从不点头。母亲急了，见着她就唠叨：差不离就行了，把自己拖老了。她白母亲一眼：你以为这是挑衣服呀，不合适再换换。母亲被气得无言，发誓再不管她的事。

她在自己三十岁那年，风风光光把自己嫁了。对方是一个高大帅气的大男孩。第一次，她像个害羞的小女生，躲在我的屋里同我讲悄悄话，说，那么多年，她总算遇到了一个让她心满意足的男子。我点着她的鼻子，半嗔半笑地说她：你呀，从小就犟，从来不懂得将就。

将就？为什么一定要将就呢，事情没有去做之前，就先告诉自己将就着过，也就不用做了，更不用想会有什么结果了。

我怔住。原来，将就的人生并不是最快乐的。有一颗平常心，凡事包容，将就着过，是父母多年来教给我的。所以，当年读大学，选了一个自己并不太喜欢的专业，我将就了；毕业后，进了一家专业不对口的单位，我将就了……妹妹却恰与我相反，凡事，她不将就，有一分希望，她愿意付出十分的努力。在她不将就的人生里，她收获的是更多的快乐与幸福。

退一步海阔天空，适当的时机知进知退，不失为一种明智的选择。可一味地将就，也意味着安于现状不思进取。进一步海阔天空，对那些凡事喜欢将就的人，也同样有着让人警醒的力量。

4 书中自有成才路

女孩爱读书，爱上学，可惜在她十二岁那年，因为家庭发生变故，她不得不辍学回家，那一年，她刚刚读完小学五年级。

最初辍学回家的那些日子里，女孩几乎夜夜都在偷偷地哭泣。她觉得自己所有美丽的梦想就此破灭了。可是，流再多泪也无济于事，天亮了，女孩依旧得早早起床，跟着父亲下田劳作。有时候，她还要赶着家里的一大群羊到山上去放。日复一日，女孩不再哭了，她竟然慢慢喜欢上了去山上放羊的那些时光。把羊赶到一片青草丰美的山坡上，她自己找一块安静的地方坐下来，开始沉浸到书的世界里。一次偶然的机会，她竟然从床底下找出一大箱子旧书，是父亲早年间读过的书。那些书，从此成了她最好的伙伴。

那些发黄的旧书，那些引人入胜的故事，把女孩心头的烦恼一扫而光。她对书的渴求，从此一发不可收拾。父亲的那一箱子书看完了，就步行十几里山路到镇上唯一的小书店去租去借。因为读书，她曾经不小心让羊群跑到邻居家的地里，吃了人家的庄稼而被人狠狠地骂，她曾经在夜里的煤油灯旁把额前的头发都烧焦，当然更因为耽误了手里的活而被父亲批评过无数次。那一切，都不能阻挡女孩读书的热情。读的书多了，眼界宽了，心里的想法就多了，心里想法多时，女孩就拿起笔情不自禁地将那些想法记录下来。

慢慢地，她有了一只属于自己的小箱子，小箱子里装了满满一箱子稿纸，那全是她在农闲之余写的文章。

她的那一箱子文稿，是被一个进山的记者偶然间发现的。他惊讶于她字里行间的朴实与清新，又被她那股不屈不挠的进取精神所感动，他告诉她，她可以凭借自己手中的一支笔来改变自己的命运。在那位记者的帮助下，她的第一篇稿子面市了。她第一次收到了一笔数额不小的稿费——顶她卖好几只羊的钱了。她才知道，书中果真有黄金屋。

此后，她走出小村去广州打工，看到了外面更加精彩的世界。打工妹的生活，辛苦而没有规律，有时候甚至是朝不保夕，多少同龄的女孩子在为之哭泣叹息时，她却伏身灯下在紧张地记录。在她的眼里，生活中所发生的一切都是命运的赐予，幸福、苦痛、甜蜜、忧伤，她都以自己手中的一支笔记录下来。那些被她记录下来的文字，被她装进信封发往全国各地的报纸杂志，有些变成铅字变成丰厚的稿费回馈于她，有些如泥牛入海再无消息。她的心态极好，胜不骄，败不馁，只认定一条路，就是读书写作。当时市面上见到的中外名著，她几乎全找来读。工厂里丰富的生活经历，加上她的勤奋读写，她笔下的文章也越来越好，越来越多地飞向全国各地的报纸杂志。她成了他们那个小村里有名的才女，有很多媒体甚至找到她，以她的经历写成报道，编成电影。

从一个地地道道的牧羊女到一名作家，她用了近二十年的时间。那二十年的路，她是用书籍铺起来的，当然，也有她的汗水与泪水。

她是我的一位朋友，今天她已经是我们国内一家知名刊物的责任编辑，采访、写稿、编稿、出书，每天忙得不亦乐乎。曾经离她远去的大学梦，如今也早已圆了，她说今生都要感激文字。其实，在我看来，她最应该感谢的是她自己，感谢她在最苦闷无助时愿意走进书海让书香陪伴。

一位西方教育家说："你从父母那里学到爱、学到笑、学到怎样走路，可是一打开书本，你发现有了翅膀。"打开书本，你就打开了一扇面向世界的窗，你就拥有了一双自由飞向蓝天的翅膀。这位朋友所走的路，就是最好的例证。

孩子，打开书柜的门，打开那一本本沉默无言的书，用它来装饰你的思想，而不是仅仅让它装饰你的屋子。让它为你插上腾飞的翅膀，带你在自由的天空翱翔。

5 爱的欣赏与传递

他是一个内向羞涩的孩子，自小就是。很多年后，他仍然记得那个麦子飘香的仲夏夜，夜空如水，月华如练，远处青山静默，近处的麦田里虫声如织。他和他的班主任老师站在教室门外的走廊上，他在静静地听老师给他讲：

“为什么没有勇气写呢，写吧，你可以的。你的作文写得那么好，语文学得那么棒。写了交给我，我会安排的。”说这话的是一位中年女老师，他初中三年级刚刚换的班主任。班上很多同学早已在初一、初二时就已经写了入团申请书，早已加入共青团了，只有他还在沉默。倒不是不愿意加入，实在没有那份信心与勇气了。他的信心在曾经的某个时刻被他的另一位老师给打击得粉碎，而那位老师恰是他心里最敬爱佩服的一位老师。

初中一年级，刚从小学转入初中，他同很多孩子一样，面临了诸多的不适应。英语是新开的一门课，他学得尤其不得要领。数学难度加大了，他也没有了小学时候的那份轻松。唯一让他高兴和骄傲的，就是他的语文。他的班主任是语文老师，他的语文成绩在班上是最好的。他一直以为那样的好成绩会赢得班主任老师的一份赏识的。初一下学期，老师要求同学们积极写入团申请书，他满怀激情地写了。写了整整两张纸，标准的原创。写好誊好，拿去交给班主任老师，然后就是漫长而又忐忑的等待。然而，他的等待落空了。那还不要紧，他从一位要好的同学那里等来了一句他最不愿意听到的话。那位男生，他最好的朋友，替他去问老师：王子（他姓王，同学们都亲切地叫他王子）为什么不能加入共青团，他各方面的条件不是很好吗？老师回：他不行！虽然语文学得不错，但人太笨，没什么前途。就为这一句话，他跑到校外的田埂上偷偷哭了大半天。他不行，他不行……从此后，这一句话就一直在他的脑畔回荡。

也许，那位年轻的班主任老师当时只是无心随口那么一说，他却无法体会那样一句话对一个十几岁的孩子——尤其如他一样内向自卑的孩子——来说是一种怎样的伤害。那位老师曾经是他最信任敬佩的老师，他虽然脑子有些笨，却总是尽自己最大的努力将他教的那门课学好，他知道自己没有什么优越的条件来吸引老师们更多的注意，就安心做一个让老师安心同学不烦的学生，班级的大事小事，他积极热心参与，老师交代的每一项任务，哪怕再微小，他都将它们当成一件重要的大事来完成。可他所有的努力，被老师轻轻的一句就否定了。

初三上学期，学校将原先的四个班级打乱重新组合成五个班，他毫不犹豫地报名去了新的班集体。在那里，他遇上那位改变他一生的女老师。在那个美丽的夏天夜晚，那位老师的一席话如习习的夜风，吹散堆积他心头的自卑。在那位老师的眼里，他原来是那样的优秀，语文成绩极好，作文写得极棒，对班级事务非常热心，团结同学……

那天晚上，他再一次躲在一个黑暗的小角落里流泪了，那一次的泪水，却是那样的甘甜……

有自信的人，可以化渺小为伟大，化平庸为神奇。而来自一位师长的赞美与欣赏又是一个孩子自信心滋生的温床。那位老师的欣赏与赞美化成一股强大的动力，促使那男孩更加严格地要求自己，也开始自信地抬起头来面对每天的学习生活。

很多年后，他成了一名语文老师，也在班主任的工作岗位上干过很多年。自己学生时代的经历，让他深深地体味到作为一名老师，在自己的学生面前，应该时时刻刻要扮演什么样的角色。

作为一名家长代表，我曾经去听过他的公开课。那堂课，正好是一节班会课，期中考试结束，他在班会课上作总结点评。那个班一共有四十名学生，我很佩服他，他将四十个孩子的名字全都分类写到了黑板上，学习优秀的，体育优秀的，进步明显的，对班级事务热心参与的……他念到每一个名字，都能让你在那个名字后面发现这个孩子身上所存在的一些优点，当然，他也会指出他们身上存在的一些问题，却是肯定在先的。

他教的那个班，在全校都是有名的，班上气氛最活，学生的学习劲头又是最足的。想来，这与他的那份赏识教育是分不开的。跟这位老师闲聊，聊起他当年读书的经历，他还记得当年曾经伤害过她的那位年轻老师，更对当年的那位中年女老师心怀感激。而在现实的教学生活中，他却远远避开了那些生硬伤害的语言，他说哪怕再平庸的孩子，用心去爱，也是能找到他们的优点的。他更愿意将当年那位老师给他的爱与欣赏无限地传递下去。

6 北大门外的旁听生

在今天的各大高等院校里，游走着这样一个群体，他们的身份不一，居所不定，每天都行色匆匆地背着书包夹着书本在各大高校的教室图书馆自习室之间来回穿梭。他们不用缴学费，当然也没有学籍，不能拿文凭，更不可能像正常的在校学生一样拿到奖学金。他们拥有的只是一股对知识的狂热与执著。他们被人称为“旁听生”，又被自己称为“边缘人”。在北京，北大、人大各大高校门外，都能看到这些人的身影。

“北大边缘人，一个成分驳杂、来去无律的群体，它不断流动又将永远存在。在这里，有梦想闪烁的光芒，有蛹蜕变成蝶的艰辛，还将会看到蝴蝶展翅翩翩飞舞的美丽。”他就曾经是那些“边缘人”中的一员。

丁霏，一位曾经对文学满怀憧憬狂热的文学青年，梦想从北大这块人文圣地起飞，成为一名作家。11年前，他还是一位16岁的少年，还在老家念高三。当时的他在家乡已经小有名气，从小酷爱读书写作的他，曾在不少征文比赛中获奖，还出版了自己的文集。那是一个对天才少年崇拜有加也厚爱备至的年代，学校老师说凭借他优越的文学天赋，他可以去申请一下清华的保送生。为那一句话，他只身一人踏上开往北京的列车。

不料，16岁的他梦断清华园，在争夺保送生名额中，他输给了一位理科生。那次打击对他的影响并没有想象中大，就在清华园的招待所里，他无意中在报上看到北大东方学系招韩国语班，就到北大咨询，希望以此为据点，留在北大继续自己的文学创作。那时他正在构思一部100万字的小说创作。

“当时不知道天高地厚，觉得文学创作嘛，不在乎大学文凭，靠的是文学天赋与实力。”当他从北京赶回老家，高考即将来临，丁霏根本无心复习，他还一门心思在做自己美丽的文学梦，结果考得一塌糊涂，连升学机会也没有。他说服父母，到北大游学，搞文学创作。父母最终没有拗过他，只好给他打点行李，让他独自北上去闯荡。自此，北大各大教室、图书馆里便多了丁霏的身影。钱理群、陈平原、曹文轩……北大中文系名师们的课他一堂不漏。从早晨到晚上，他把自己旁听的课程安排得满满的，“天天很忙，课很多，都忙不过来”。

为了节省费用，丁霏和另一位游学生一起在北大西门附近的一间平房里租了一张床，每月各付90元，“只要有个地方睡就行”。课余时间，丁霏就到北大周边的三个著名的书店看书，成府路上的万圣书园、北大南墙的风入松书店、海淀图书城的国林风成了丁霏游学生涯中的“精神家园”。由于北大图书馆不能进，丁霏只好到这三个书店看书，“看了好多书，一本一本看完”。

马不停蹄地听课，疯狂地看书，三年的时间就这么悄然滑过。1999年，丁霏发现自己依然一无所有，没有北大学籍、未曾佩戴过北大的校徽，也没得到北大的任何凭证，在北大办饭卡受“歧视”，进北大图书馆被拒……一次次碰壁，终于让丁霏惊醒。

初到北大时，他觉得自己是一个即将冉冉升起的新星，甚至有点瞧不起北大的学生。几年的游学中，丁霏发现了很多与他类似的人，这批人求学上进，考不上大学，但在某一方面略有才华。这是一群生活孤僻，独来独往的游学生，他们觉得自己非常了不起，比别人好，不愿意跟别人来往，生活比较封闭，圈子比较小。他们希望通过自己的旁听来汲取知识改变自己的命运。可现实却给他上了很残酷的一课。那些对自己的学业未来没有明确规划，只盲目地在一个又一个讲座、一间又一间教室间穿梭的旁听生们，多是满怀着希望而来，最终又满携失望而去。他们的一腔热情并不能轻易得到社会的认可，而他们游学生的身份却又往往会让身边的人对他露出一种不屑与怀疑，在偌大的京城里，他们要想立足，谈何容易。

19岁的丁霏醒悟了。他静下心来重新规划未来。那一年，丁霏报名参加了北京理工大学办的一个成考培训班，并以第一名的成绩考上了清华大学电机工程系预科班，又成功转到了清华大学英语系成教班，一直到2002年毕业。毕业后，丁霏先后在全国妇联和外企工作，最近在中关村一家高科技企业任职员，是全公司“业绩最好的一位员工”。丁霏很清楚，如果没有一张成教毕业证，这一切都不可能发生。

今天，明天，北大、清华、人大……这些高等学府门外将还会有多少像丁霏这样满怀美好理想的学子在奔波徘徊？理想很丰满，现实很骨感。这句话用在这些游学生的身上也许尤其适合。理想是人生的航标，但理想也要切合实际；理想是前进的动力，但理想的坐标也需要不断地调整。理想的实现离不开最基本的生活根基。一样的游学生，有一些听过几年课黯然离去，有一些如丁霏一样终于找到自己的理想坐标。

先生存，再理想，这是丁霏几年的游学生活中悟出来的道理。如今，已经在北京稳定下来的丁霏依然希望有朝一日能够考取北大研究生。文学的梦想依然在他心中燃烧。

7 最美丽的乡村女医生

建珍是我初中时的同学。开学第一天，花红柳绿的女生堆里，她给人留下的印象最深刻，因为她是拄着一支拐杖走进教室的。她是一名小儿麻痹症患者，右腿发育正常，左腿细弱得在宽宽的裤管里几乎找不到。十几岁的孩子，正是心理极度敏感的年龄，看到建珍那样子出现在大家面前，大家的目光也只飞快地在她的病腿上停留了一下，在心里深深地替她叹息了一回，就赶紧转移视线。她却没有我们想象中的那般自卑，上课，她跟大家一样积极举手发言，下课，她拄着拐杖跟同学们一道去外面玩。只有体育课，老师允许她不去上，她会安安静静地坐在教室里，复习功课。

建珍学习很用功，成绩在班上中游水平。

建珍的家在很远的大山里面，从家到学校，来来回回要走几十里的盘山公路。最初的日子里，我们总能在学校大门口遇上来送她的父亲。黑黑瘦瘦，老实巴交的一位农人，骑一辆老旧的自行车，每个周末下午都满头大汗地出现在女生宿舍门口。那时，班上其他女孩子差不多都是自己骑自行车去学校了。建珍便也起了学骑自行车的念头，她说家里的活儿都够父亲忙活的了，她不想再因为自己给他们添累。

对她要学骑自行车这件事，大家都不好直接说什么，但心里都在替她捏一把汗。那时市面上还很少有那种轻便易骑的女式小自行车，即使有，价格昂贵得也不是一般人家承受得起的。建珍要骑的就是她父亲骑的那种前面有大梁的大自行车。骑过那种自行车的我们都知道，学起来真不是一件轻松的事。我学的时候，父亲在后面帮我扶着，在场院里转了好多天才慢慢练熟，其间还不知跌了多少跤。她还是下定决心要去学。

初一上学期结束，寒假再从家里回来时，建珍是自己骑着父亲的那辆破旧自行车到学校来的，拐杖别在自行车一侧，车座落到最低，她只能靠右腿右脚来操作，左脚很无奈地耷拉在自行车的另一侧。可只靠一只脚来踩的自行车，在建珍的熟练操作下，竟如平常人骑车一样自如。她的右脚显然比一般人的右脚力量大很多，一脚踩下去，凭着那股惯性，不用左脚的帮忙，很快又转到适合右脚踩踏的位置上。踩脚踏的问题解决了，我们一直奇怪她是如何将那条不受使唤的左腿跨过高高的车架，下车时又如何安然无恙地从另一侧将它落到地上的。跟在建珍后面看过几次，现在想来脑子里仍然模糊一片。她的动作快得像录像里的快进，看的人还没反应过来，一道弧线在空中一划，她已经稳稳地骑在自行车上往前赶了。问她如何学会骑车，她只淡淡地笑：也没怎么费力啊。

隔一年，她的妹妹也考到我们中学。妹妹常去找她，我们慢慢跟妹妹也混熟悉了。说起姐姐学自行车那一段，妹妹的眼圈儿立马就红了：全身都摔得没好地方了，家里人都不想让她再学，她倔劲上来了，一定要学会。也就学会了。我姐姐真是一条道走到黑，不撞南墙不回头的主儿。

这许多年来，也许建珍就是靠的这种一条道走到黑的劲头，跌跌撞撞走过来吧。初中毕业时，因为成绩不很理想，她只能勉强选择一所医学中专读。读中专，她有几分不甘心，学医却是她从内心里喜欢的。自己从小身受小儿麻痹症之苦，她说她不想再看到更多的孩子来重复她的不幸。

只是没想到她最终竟然又嫁到我们那里，又成为我们村诊所的医生。那次，建珍带着我父亲去县医院做的体检，楼上楼下，跑前跑后，全是建珍替我父亲去做的。倒让我这个远在异乡的亲生女儿无端觉得脸红了。

假期回老家，去找建珍叙旧。建珍的老公也是一位乡间赤脚医生，不过跟她学的不是一个专业，他是一名兽医。她的家就在村口路边上，白墙红瓦的五间大瓦房，四合院，红漆大门，高挑的门楼，很是气派。诊所的门正冲着公路开，方便来来回回去看病的人进出。毕竟二十几年没见面了，彼此身上的变化大得都有点让人一时反应不过来。她比学生时代胖多了，皮肤是那种健康的黑红色。穿着白色的医用大褂，但还是一眼就能看出她瘪下去的左半边腿来。见到我，建珍显然很吃惊，既而就热情地拉我进屋。

她比学生时代更加健谈，说起时下的日子，一副很满足的样子：还好，乡里乡亲的都互相照应着……我这也就是小打小闹地给人看个头疼脑热的病，真有大毛病得让他们到大医院去……

建珍的办公桌上方摆着一副人体穴位图，她正在研究针灸。乡间的父老乡亲，常年在田间劳作，腿疼胳膊疼的，来找她针灸一下就会轻松许多，也不用花几个钱。平日里谁有个头疼脑热的，不管白天黑夜，打电话到她那里，她立马背上药箱前去。

想来，这就是为什么大家一提起建珍就竖大拇指的原因吧。大家已经完全忽略了她腿部的残疾，在大家伙的心目中，她是健康的天使，是乡间一道美丽的风景。

8 桃花红，杏花白

春桃是我姑姑家第三个孩子，我们住一个村，她比我大四岁。我却很少叫她表姐，一直叫她春桃。

春桃人聪明，打小爱看书。那么聪明好学的春桃却没在读书这条路上走下去。春桃念完初中，就辍学回家了，去县城里给大姐家看孩子。

我接到县一中的高中录取通知书时，春桃正好从县城回来探家，那时她在大表姐家待了三年。摩挲着那张小小的通知书，春桃满脸喜色："杏儿，一中离我住的地方很近呢，以后星期天你可以到大姐家里去，我给你改善生活。"

自此，每个周末我都会到春桃那里去。每次去都能吃到她亲手做的热水饺。

平生第一次恨了春桃，是我接到大学通知书的那个夏天。

那年，她已二十三岁，大表姐家的孩子读学前班了，再不需要她，她又回到我们的小村。二十三岁的农村姑娘差不多都已为人妇为人母了。春桃的日子，毫无头绪。

那天晚上，她絮叨着帮我收拾行李，有一句没一句地叮嘱我去北京读书要注意的事情。一切收拾妥当，才从我家里离开。离开前，她站在门口，笑嘻嘻地看着我说："杏儿，明天我要睡个懒觉，就不去车站送你了，你多保重哦。"

我挥手让她快走快走，竟然一点儿都没从她的脸上读出那份忧伤与落寞。

第二天天不亮，还在睡梦里的我被一阵急促的擂门声惊醒。是姑姑和姑夫。姑姑哭天抹泪，姑夫一脸怒气："杏儿，你春桃姐昨天晚上跟你说什么了？这个不让人省心的死丫头……"我迷迷糊糊从床上爬起来，问姑姑："春桃怎么了？"

"不知道，只留下这么一张纸条，不见人了。"

我心开始慌慌地猛跳，夺过姑姑手上的纸条，只短短的一行字：我走了，别找我。

当头一个霹雳，把我震晕在那里。

那天清晨，整个家族都乱了套。十里八乡撒出人，去找。半晌过去，找的人无不垂头丧气地回来——影子也没有。

一个二十多岁的未婚大姑娘，除了县城再没出过远门，没多少钱，又几乎是手无缚鸡之力，她能到哪里去？能做什么？脑子里种种可怕的景象交替闪现，一次次往大门外跑，等着她的一个消息。一直没有。

可我北上的火车票都已订好，不得不照原计划出门。

掀开新生活的喜悦已彻底被春桃莫名失踪的阴霾笼罩。开往北京的列车上，我的眼泪几乎就没干过。我在心里狠狠地骂她，骂她不仁义不懂事，我甚至无耻地怀疑是我的大学通知书刺激了她，才让她选择这样一条看不到前途的危险之路。可我骂过之后，心又开始狠狠地疼。从小到大，我曾让大人们无数次为我牵挂担心，却从来没有体会过去牵挂一个人的滋味儿。真疼啊。

收到春桃自吉林寄来的毛衣、围巾、帽子时，我已在北方那所校园里生活了近两个月。倒是早就知道了她的消息了。她一个人去了东北的大伯家。她从家里要了我的地址，给我写信，她在信上说："在家千般好，出门一日难，离家了才念家的好。"

那片黑土地并没有她想象的那样浪漫那样充满机遇。

等春桃第三封信到的时候，已是北方的深秋了。天凉了，春桃给我织的新毛衣新围巾也用上了。我最喜欢的粉，还有我最喜欢的白。粉的是羊毛线高领套头毛衣，白的是暖融融的马海毛长围巾，还有一顶灰白格子的棉线帽子。想是春桃把整个儿的我都装在她的心里了，不用测量，织出的每一件东西都那么合适。

“……天气一天冷似一天了，想着你从家里走时连件像样的毛衣也没有，就赶着时间给你织了一件，也不知是否合适……围巾和帽子，是跟大伯家姐姐新学的，织得不太好看，你将就着戴吧……我现在正在跟人学刺绣，等学好了，给你绣对花枕套寄去……还是那句话，一个人在外，一定要好好照顾自己……”

春桃的信，写得并不长，不过三页纸。我捧着那薄薄的三页纸，在校园那条飘满黄叶的小路上，读一遍，哭一遍。

此后，我开始跟春桃通信。

春桃的文笔极好，信写得越来越长：“……杏儿，读你的信，听你描绘你的大学生活，真是羡慕啊……我这一生，难道真的就永远跟大学无缘了吗？”

春桃的问，竟然让我无言以对。我连句安慰的话都找不出。

春桃在大伯家，过的仍然是寄人篱下的日子啊！她为什么要去，却一直不肯在信上告诉我。

春桃在吉林待了两年，也没找到合适的工作。再度回来，已是二十五六的大姑娘了。适逢县啤酒厂招聘农民工，她就去了，在装卸车间做装卸工。一天在车间里做十五六个小时，来来回回要搬运几百甚至上千件啤酒。一米六八的个子，最后，竟然瘦得只有九十多斤。

那时，我已大学毕业，在小城里有了稳定的单位，有了自己的单身宿舍。我让春桃搬到我那里，不要再在外面租房子。啤酒厂离我们单位有几里路。逢到春桃上夜班，她就得一个人骑着自行车经过那片荒凉的郊外小路。我替春桃揪着心，她却变得越来越大大咧咧不在乎。她说，她天天在车间练得浑身是劲呢，什么坏人也不怕。

春桃不怕坏人，却怕那些突然炸飞的啤酒瓶子。有几次，那些突然炸裂的瓶子碎片钻进了春桃的胳膊、手腕，差点把她腕上的大动脉割断。我看着她胳膊上那些血淋淋的伤口直掉眼泪，春桃反倒笑我胆小鬼。可我知道，她疼啊，深夜里在我对面的小床上翻来覆去直抽凉气。我听得心里一揪一揪的疼。

春桃从装卸车间调到质检车间时，拿到了自学专科的毕业证书。

春桃再从质检车间调到厂宣传科时，已顺利学完汉语言学自学本科的全部课程，成了厂里有名的一支笔。

春桃三十岁那年，终于把自己嫁了。一个新进厂里的大学生，比她小五岁。她勇敢地向对方抛出爱的红玫瑰。

那一年，她已是厂宣传科一名极出色的宣传干事。

再以后，我调离那座小城，与她离得越来越远。

不能常见面，却隔三差五给对方打个电话。电话里，省略任何问候语，那份随意，一如当年。

“想一想，我们都很好。”这是春桃常常在电话里跟我说的一句话。

是的，我们都很好。

故乡的春天，常是花的海洋。每年春来，山坡、坝畔，桃花红，杏花白。桃花从来不羡慕杏花白，杏花从来不忧伤自己没有桃花红，她们是最亲的姐妹，在故乡的大地上，各忙各的花事，各散各的香。一树一树的杏花开，一朵一朵桃花红，春天来时，她们都在努力绽放，哪一个都不会偷懒。山村里的女孩子，便常常以田间地头的那些寻常的花花草草来做小名。大人们说，俗贱的名字好养活。就像春桃，就像杏儿。回头想来，真感谢父母赐给我和春桃这样富有诗情画意的名字。

桃花红，杏花白，万紫千红总是春。

9 我做我自己的骄傲

“你看看你，像什么样子？去把你的那几绺儿长毛理了去吧，头发长并不代表见识长。考试考成那样儿还好意思在这里张扬……”

数年前的暑假，我去一位朋友家里玩，他正在数落自己读初中的儿子。

彼时的男孩，瘦弱苍白，一副弱不禁风的样子，性格却极是叛逆，面对父亲的冷嘲热讽，他似乎并不往心里去，只面色平静地坐在桌子跟前，继续低头吃自己的饭。

朋友是一位从教多年的英语老师，教学经验丰富，可谓桃李满天下，可他却遇到了平生最大的苦恼——他竟然无法教育好自己唯一的儿子。在他眼里，那孩子就是一离经叛道的主儿，所有的课程里，除了美术，他学得差不多都是一塌糊涂。每天放学回来，钻进屋里，不是忙着去写作业，而是先去忙他的美术素描。小小的卧室，被男孩子折腾得乱七八糟，瓶瓶罐罐摆了一地。墙上挂着的是巨幅的人体素描。朋友生气，曾经多次把那些东西给他清理出去，男孩子固执，又不声不响找机会恢复原样。

“你啊，我看你就是一摊烂泥扶不上墙。你看看那个谁……人家那是全家人的骄傲，你再看看你……哼！”估计实在是被气极了，孩子面前，做父亲的风度尽失。那样的话从朋友嘴里说出来，多少让我有些吃惊。然而，男孩的话，更让我吃惊："你想让我做你的骄傲吧，没门儿！我谁的骄傲也不做，我做我自己的骄傲！"男孩终于发作，将筷子朝桌子上一摔，破门而去。留下身后的爸爸在咻咻喘粗气。

倒真是一对父子。

对那个叫新新的男孩，我并不陌生，从他读幼儿园开始，我们两家差不多就认识了。真是一个从小不让人省心的主儿。小时候身体弱，吃饭挑食，长得像根豆芽菜；稍大些读了小学，人又超调皮，教室里总也坐不住，扯这个拉那个，老师告状的电话此起彼伏；进入初中后喜欢上了美术课，一头扎进他的那些素描纸堆里，就再也拔不出脚来，把其他的文化课基本都撂到一边去了。做爸爸的看在眼里，急在心上，一次次苦口婆心地教育，也曾使用他一向极为反对的棍棒主义。收效似乎都不大，新新的成绩依然稀里糊涂。整个的中学阶段，最欣赏新新的，就是他的美术老师。老师们都说这孩子有着极敏锐的捕捉美表现美的能力，是一个不可多得的美术人才。

新新读高中时，我们已搬到外地。两家离得远了，平时少见面，也只能从电话里大体了解一些有关他的情况。

读高二了，成绩还那样，考大学怕是很危险。

我懒得去理他了。天天钻在美术室里搞什么创作，我倒要看看他能搞出什么名堂来。

他自己去美院考试了，专业考得还不错。

居然拿到了大学通知书，成都的一家大学。

去参加全国大学生动漫大赛，竟然拿了一个金奖。

今年要大学毕业了，学校要挑两名专业优秀的学生留校任教，挑到了他，他是唯一的一名被选中的本科生。

去北京腾讯了，他说想自己出去闯荡一下。我们是彻底管不上了，随他自由去吧……

曾经被他气得七窍生烟的爸爸终是一年年老去了，他年年都在电话里跟我汇报一下自己儿子的情况，那语气里再没有了当年那股恨铁不成钢的劲，而是越来越浓的自豪感。

这个骄傲叛逆的男孩子，尽管当年他曾挺着脖子跟爸爸对峙，不做爸爸的骄傲只做自己的骄傲，可他一路倔强又执著地走下来，最终还是让爸爸欣然而笑。

世上从来没有无缘无故的成功，天上掉馅饼的好事并没有落到这个叫新新的男孩头上，相反，因为他曾经的青春叛逆，他走的路比别的孩子格外多一份曲折。他喜欢画画，天天钻在专业里，文化课成绩底子尤其弱。可他后来终于得面对那一现实，就是爸爸多次在他耳朵边上吼的那些：你画得再好，文化课考不及格，照样没有大学收你。进不了大学，你就别想在你这一领域里有长足的发展。依旧挺着脖子，不认输，私下里却发了狠地用功。

高二之后，为了恶补落下的文化课，他可真是拼了命，每天晚上学到半夜。做父亲的当然也不可能真放手不管，给他找了最好的文化课老师帮他补习。那时，新新不再拒绝。

忆起当年，做父亲的有欣慰又有心疼。

是的，这个外表看上去吊儿郎当对什么都不在乎的男孩子，骨子里却是有一股让人佩服的执著。他爱画画，爱美术，他便将它当做他唯一的理想与事业，在他走过的路上，哪怕困难重重，哪怕关山阻隔，为了抵达美丽的梦想殿堂，所有的苦累都不在话下。很多成功人士，最初其实与常人无甚大的区别，唯一的区别就是他们的那股子“倔”劲儿——认准一件事并认认真真去做好它，努力将自己在这方面的才能发挥到极致，才能到达成功的彼岸。

10 华仔的春天

华仔第一次打电话来告诉我，说他已经从华江板厂搬出时，他正坐在一辆“嗵嗵嗵”冒着黑烟的三轮车上，三轮车上装着他和另外十八名工人的所有家当——被褥、简单的锅碗瓢盆。他们离开了在那里打了三年工的华江板厂，亦或者说，是被他们打了三年工的华江板厂辞掉了。

起因很简单，春节一过，他们一行人重新回厂上班，跟厂里再续新一年的合同时，双方意见发生了分歧：华仔他们坚持要提高工资，厂方坚持不提，不但不提，劳动强度还比以前提高了近一倍。华仔说，达不到要求就走人。厂方摊摊手，走吧，厂门口还蹲着一大溜儿等着进厂的人。

华仔就率领着那一帮子人浩浩荡荡离开了华江板厂。

那一帮人，全是工厂效益最好的时候，华仔带进去的，乡里的七大姑他表侄、八大姨他外甥，沾亲带故的，八竿子打不着的，去找他，华仔大手一挥就答应了。其实，他不过是厂里热压车间一个技术稍微熟练一些的工人。为了安排那些人进厂，他请班长去小饭馆儿喝酒，买了烟去给业务厂长送。倒是不错，那些人全都被安排进去了，从此死心塌地跟着华仔在那家板厂干。

厂子里工作很苦，一天要干十几个小时。华仔待的热压车间，夏天最高温度能达到四十几度，华仔本来就胖，每天从车间里出来时，整个人都像水洗过一样。可华仔很快乐，每天一百块钱的收入，两个月就顶在家种地忙活半年。还能月月拿到现钱。看着自己银行存折上的钱节节向上攀升，华仔曾经设想过就在华江板厂一直做下去，但却出了那样的状况。

“你们也太冒失了啊，要换地方也要提前有个准备啊。”电话里，听到华仔从华江板厂搬出的消息时，我语气里是有几分埋怨的。担心。

“没事的，姐。你放心吧，这里板厂有几千家呢，到处都有要人的地方。”华仔的语气听上去很轻松。

此后几天里，华仔不断在电话里向我汇报他们的行踪：

“姐，安排好了哈，十九名工人全都安排下了，厂子环境很好，比以前的那个规模还大……”

“好啊好啊，那你们就安心在那里干吧。”

“姐，我们从那厂里搬出来了啊，那厂子不行……”

“为嘛啊……”

“姐，我们很好啊，又找了一家新的厂子，正在收拾宿舍。”

“好，安排好了给我电话。”

电话却迟迟没来，忍不住打过去。

“姐，你不用老打电话问好不好，我们自己能安排得了。你操那么多心干嘛啊。”电话里，已经没有几天前的轻松了。

“好，我不打，你们……”

那些天里，华仔成了我心上最放不下的一人，却不敢再打电话问他了。只能悄悄打电话给守在家里的母亲。

母亲说，十八九口子人，换了七八家厂子了，也没遇上合适的。到处都不缺人，乡里的青壮劳力，连妇女都涌出来了……

华仔那个发誓有福同享有难同当的打工团体在奔波了整整一个月后还是解散了。那天，华仔和他们一起喝了很多酒。华仔喝醉了：“姐，我告诉你一个好消息啊……大好消息……”

“找到合适的新厂了?!”

“不是……从今天起，我们十九个人彻底散伙了。各寻出路去。大家在一起喝了个散伙酒，大伙都很理解我……”

“哦，哦……那就散开，十九个人在一起真的难安排……”

我早提醒过华仔，他一直说放下哪一个也不忍心，大家都是一起出来讨生活的人。

到底还是散了。

“姐，我想你了……”

自从外出独自闯荡，华仔就没在我面前掉过眼泪了。那天，他在电话里抽起鼻子来。

我笑他：“多大了啊，还哭鼻子，没点男子汉气度……”他又笑了。

挂了电话，我仰靠在沙发上，眼泪流了满脸。

华仔的头发白了一半了，像个小老头儿。母亲在电话里偷偷跟我说的。我很难想象，三十岁刚出头的华仔头发白掉一半会是什么样子。

华仔彻底放弃了去工厂打工的梦。他去寻思新的门路。为了孩子接受一份好的教育，华仔在市里把房子都租下来了，也给孩子办了转学手续。孩子已经在那个城市一所小学里的宽敞明亮的教学楼上读书了。他必须在那个城市留下来。

看上了做冰激凌的生意。小本买卖，技术易学，连老师都找好了，是他几年前偶然结识的一位小伙子。那时华仔还在老家，开着他的破三轮车上街，遇到驮着东西艰难前行的小伙子，华仔二话没说就跳下车来把他的东西搬到他的三轮车上又一直帮他送到家，两个人就成了朋友。华仔到处找事做时，小伙子已经在市里开了一家挺不错的街吧。小伙子说，正好，他一直找不到机会报答呢——他愿意给华仔技术上的支持，只要华仔自己去找到合适的地方就好。

四五平方米的地方就足够了。华仔又开始了新的奔波。每天骑着他那辆破旧的125摩托车，一大早就出门，天黑回家。服装批发市场、超市、广场……华仔觉得能放下一个冰激凌机子的地方都去看了。地方是有，人来人往，人流也大，在那些地方开张，一定会赚钱。但那些地方却没有一个属于华仔的。他是那个城市的一个外乡人，去找谁交涉都不知道。

华仔打电话求人，找到在政府部门工作的某亲戚。那位亲戚答应着好好好，就是不去办。时间一晃又过去一个月。天已经很热了。春天马上就过完了。华仔眼看着存折上的钱一点点少下去，新生活却依然没有门路。

爸爸，如果你找不到事情做，是不是我们就要搬回老家去。读小学的儿子开始忧心忡忡。他刚刚适应了新学校的生活。

不会的，儿子。华仔又骑上摩托车出去了……

华仔一家一家地问，他并不太懂生意之道，凭的全是一张笨嘴一副直肠子。很多时候，笨嘴拙舌的他还没说完就被人赶出来了。华仔就再走向下一家。那是华仔拜访过的第多少家超市，他记不清了。他只记得，走到那一家超市经理的办公室，他们耐心听他说了下去……

真快啊，一晃半年就过去了，春天已经彻底走远，夏天来了。华仔的小街吧终于开张了，一台冰激凌机，一台土耳其烤肉机，一台果汁机。挂靠在一家中型超市的外面，每年给超市里缴纳一定费用，一切手续俱全。

夏季是销售冰激凌和果汁的旺季。华仔站在他的小街吧里，穿一身洁白的卫生服，忙碌不停，脸上笑得开了花……

已经远去的这个春天，对华仔，对我们全家来说注定不平静，对长长的生活来说，却不过一朵平凡的小浪花，生命中比这些更沉重、更曲折的路仍然会有。将华仔这个春天的经历记录下来，只想说，这个昔日里调皮捣蛋，让家人费尽脑汁也不愿意认真读书的男孩，初中毕业后没考取高中，去了一家技校草草混了三年就到社会上，东飘西荡这些年，终于在生活面前慢慢长大，成为一个真正的大男人了。

11 人生不会被注定

孩子从中考考场上走下来时，这本书也已接近尾声。她取得了一份不错的成绩，可以顺利升入自己理想的高中。这样的成绩在我们的预料之中，却多多少少与孩子的预期有点差距，因为某场考试中的粗心，她可能会失去进入重点高中的重点班的第一张通行证。

她的忧伤只持续了很短的一个下午，等到晚上，吃过晚饭，她便进自己的房间捧起书本。是从邻居家哥哥那里借来的高一年级的书。她已经开始在预习了。她说，没关系，我还有足够的时间来赶上去，谁的人生也不能被注定，命运掌握在自己手里，妈妈说过的。

是的，我曾不止一次给她讲过，我和我的那些大学同室姐妹的故事。我很欣慰，那一段过往，没有变成让她讨厌的说教，而是给了她实实在在的力量。

十五年前，我和同室几个姐妹从五湖四海聚到一起，带着些许的渴盼，也带着淡淡的失望。一所不入流的大专，我们将在那里共同度过两年时光。

入学第一天，在小小的305寝室里，几个人谈起已经过去的高考，几乎每一个人的语气中都充斥着淡淡的忧伤。

两年，很短暂，似乎还没来得及从高考备战的紧张中回味过来，就毕业了。

除了手里握着的那纸文秘大专毕业证书，我们再也没有其他。学历、经历、经验、名校光环……人潮涌动的人才市场上，与那些趾高气扬的名校毕业生相比，我们握着那纸薄薄的证书，怯生生如不敢见人的小耗子，面对用人单位严苛的条件，几乎没有勇气将自己推荐出去。

同室四人，每个人的第一站都不如意。

老大去了一家保险公司，每天风里来雨里去，磨破了嘴皮子拉业务。老二去了当地一家街道办事处，天天处理着街坊邻居间那些鸡零狗碎的事。老三，干脆就没有一份固定的工作，东一榔头，西一棒槌，在南京几家电脑城里打工。我还稍好些，好歹找了一家事业单位——县农科所。说好听点那里是搞种子的推广开发，说难听点，就是扛着锄头镢头种地的主儿。回头看看我们毕业证上赫然写着的专业名称——现代文秘与公关，真是让人哭笑不得。我们所从事的职业，与当初的专业相差了十万八千里。

十五年，弹指一挥间。305宿舍四成员再度聚首，已是十五年后的今天。都已是绿树成荫子满枝，也都有了各自忙碌的事业。五一的三天假，还是推开所有的应酬从四面八方聚到一起。当年的青涩已消退殆尽，亲切却一如当年。见面，大呼小叫着拥在一起。眼角渐起的皱纹，渐渐发福的身体，我们从对方的身上脸上，看到了岁月的痕迹。十五年，岁月在各自的生活里留下了什么？

“最初去那里干时，没有任何经验，又不像那些老员工一样积攒下一定的人脉资源。我是从零开始的……”老大絮叨着她做保险业务的经历，听得我心里直发酸。我在想，换我是她，我能面对人家一次又一次冷脸的拒绝甚至是恶言相向吗？我可以背着包，在夏天的烈日、冬天的寒风中去敲开一家又一家客户的门吗？要知道，读书时候，我们的老大是宿舍里脸皮儿最薄的一个，平时跟人说句话都要脸红。“没办法，总要生活下去。家里父母没有什么社会关系，只能靠自己闯。”她真的闯出来了。从毕业到如今，她用十五年的时间，在保险行业做得风生水起。现在的她，已是一家保险公司的业务经理，她再不必到处上门看人脸色，她手上的老客户足够她把业务做得很好。

老二改行做了会计。当初读大学时，因为理科成绩不好，才会选择文秘专业。毕业后，发现那一专业真的没有多大用处。写写记记，在办公室处理电话文件，不需要专业的文秘毕业生。所以，老二自动改行，在毕业后的那几年里，她报考了武汉某大学的财会函授班，每年要在那两座城市之间来回奔波几次，直到函授毕业，直到她能得心应手地处理单位上的财会事务。

老三的经历最为曲折艰难，她竟然在几年的时间里考下了注册会计师。最初毕业，在偌大的南京城里打工，拿着可怜的薪水，租窄小的房子，也领受着别人的风言冷语，就连一向待她不薄的男友也开始对她产生了怀疑，那样子下去，他们如何在那个城市里扎根？老三发起狠来很吓人，她决定要为自己选择一个专业，做她永久的事业。她选了注册会计师。选择那个行业的动机，说起来很好笑。因为它只需要考五门。后来，老三才知道，为了那五门功课，她要付出怎样的代价。大学里连高数都没学过的她，要面对那一纸密密麻麻的公式数字，她直发晕。没有老师，那些课程根本看不懂。没关系，她买了远程教学的软件放到MP3里，来来回回，上下班的公交车上，她耳朵里塞着耳塞，一遍听不懂听两遍，两遍听不懂听三遍，直到她把那里面老师讲的内容一字不落地记在脑子里。

“你们不晓得，那两年，我用掉了多少支笔芯，一个星期，十八支，你们相信吗？每天晚上学到凌晨两点……那两年我写过的草稿纸装了几麻袋……要是当初有这个劲头啊，怕是博士学位也拿到了……”曾经的苦难，已变成今天成功的垫脚石，如今的老三，已是一名业务熟练的注册会计师，长年累月在各大城市间飞来飞去，接不完的业务。她却是充实又快乐的，如她所言，她找到了自己喜欢的事业。

四姐妹里面，说来惭愧，我是最没有专业的一个。在农科所待了几年，嫁人，跟随老公来部队，没再出去找工作。当然，这些年，也不曾闲着。在家有了大把的闲余时间，读书、写作，看着自己的文字变成铅字飞到大江南北读者朋友的手中案头，我的心里，亦是充实幸福的。

回首十几年来我们走过的路，发现一个很有意思的现象，那就是，我们当初在学校里读的专业，毕业后真正以它为专业的人几乎寥寥无几，我们当初在大学里学的那点儿东西，毕业后真正用上的也少得可怜。可我们还是要感谢那两年的大学时光，因为在那里，我们彼此相识，因为相识，我们后来才能明白，谁的人生都不可能被注定。命运，未来，有时与学历无关，与专业无关，它实实在在的，被你掌握在自己的手心里。

把这一段故事放在本书的最后，跟我的读者朋友分享，也有一份特别的用意，希望那些还在为孩子的成绩苦恼着的家长们，为自己的未来担忧着的孩子们，不要再对一份卷面上的成绩耿耿于怀，读一所重点中学，重点大学，学有所成，固然是好，如果因种种原因，与这样的理想失之交臂，也不必太过遗憾。生活一直在路上，谁的人生都不能轻易被注定。有一颗热情向上的心，一份孜孜不倦的求知欲，发掘自己的优长，任何时候开始都不算晚，任何领域里都有出色的状元。愿所有的成绩不甚出色的孩子们，都能快乐前行，做一个快乐的中等生，一个快乐的人。